US-Import-Anleitung

US-Import-Anleitung

Sparen durch Auto- und Motorradkauf in den USA

Christian Rieck Verlag

2. Auflage 1997

ISBN 3-924043-52-3

Inhaltsverzeichnis

Einleitung

Über diesen Report

Der Kfz-Direktimport ist ein Geschäft, bei dem sehr hohe Ersparnisse im Bereich von etlichen tausend Mark möglich sind – beim Import aus den USA sogar noch viel mehr als beim Import[1] aus EU-Ländern.

Wie auch immer – ohne Know-how geht es nicht. Sinn dieser Anleitung ist es deshalb, Ihnen möglichst viele Informationen zu geben, die für Sie bares Geld wert sind. Sie werden schnell merken, daß in diesem Buch viele kleine und große echte Insidertips stehen, an die Sie sonst überhaupt nicht gekommen wären, oder die Sie nur nach Jahren eigener Importtätigkeit erfahren hätten.

Um Sie schon auf den ersten Seiten zu überzeugen, daß wir hier nicht zuviel versprechen, einige Beispiele für derartige Insidertips:

- In den USA werden regelmäßig Fahrzeuge versteigert, die aus Kredit- oder Leasingverträgen stammen, deren Inhaber die Raten nicht mehr zahlen konnten. Die Preise liegen in der Höhe der Beleihungsgrenze, also bei ca. 70% des Zeitwertes. Zu

1 Nur damit die Zollbeamten unter den Lesern uns nicht für ungebildet halten: Strenggenommen handelt es sich bei der Einfuhr aus der Europäischen Union nicht um Import, sondern um „innergemeinschaftlichen Verkehr".

diesen Versteigerungen sind aber nur Händler zugelassen. Möchten Sie gern wissen, wie Sie trotzdem daran teilnehmen können?

- Eine Schwacke-Liste ist Gold wert, das weiß jeder. Wissen Sie, wie das amerikanische Gegenstück heißt, wie Sie an ein Exemplar davon herankommen und wie zuverlässig die Preise sind, die darin stehen?
- Wenn Sie in den USA mit einem fremden Wagen herumfahren (der kein Mietwagen ist), sind Sie nicht haftpflichtversichert. Wußten Sie das? Wissen Sie, wo Sie eine Versicherung abschließen können?
- Viele Deutsche haben Tausende von Mark verloren, weil sie nicht wußten, wie man die Bezahlung bei einem Import aus Übersee professionell abwickelt und daher Betrügern aufgesessen sind. Wissen Sie, wie man es richtig macht?

Die Antworten finden Sie auf den folgenden Seiten – wir könnten die Liste beliebig fortsetzen. Wie lange hätten Sie wohl gebraucht, um derartige Tips selbständig herauszufinden?

Natürlich haben wir nicht vor, nur einseitig über die Vorzüge des Kfz-Imports aus den USA zu berichten und Sie dann ins offene Messer laufen zu lassen.

Es gibt viele, die durch ein direkt importiertes Auto oder Motorrad sehr viel Geld gespart haben und es gibt sogar einige, die mit Direktimport bzw. -export ein kleines Vermögen verdient haben, indem sie dieses Geschäft professionell betreiben. Manch einer kauft sich Jahr für Jahr immer wieder selbst importierte Fahrzeuge, an denen er bis zu 30 Prozent gegenüber dem regulären Preis spart, und verkauft sie dann fast ohne Verlust weiter, manchmal sogar mit Gewinn. Eine einfache Art, fast kostenlos immer die neuesten Modelle zu fahren. Immer wieder sind Erfolgsstories von Studenten bekanntgeworden, die mit dem Autoimport und -export neben ihrem Studium zu echtem Reichtum gekommen sind – die meisten dieser Erfolgsgeschichten handeln vom US-Import (oder – zu früheren Zeiten des hohen Dollarkurses – vom US-Export).

Es gibt jedoch auch andere, die sich erheblichen Ärger mit dem Eigenimport eingehandelt haben, und einige, die sehr viel Geld verloren haben. Oft ist der Grund eine falsche Erwartung und fast immer haben diesen Personen wesentliche Information gefehlt:

- Wie sind die rechtlichen Bestimmungen?
- Wer kann helfen, wenn es mal Probleme gibt?
- Wie unterscheiden sich Fahrzeuge aus In- und Ausland?
- Was ist wichtig oder unwichtig?
- Wie sind unseriöse Händler zu erkennen?
- Welche Stolpersteine gibt es?

Über all dies will Sie diese Anleitung informieren, damit Sie schon vorab all das Wissen bekommen, das sich selbst Importprofis erst in Jahren mühsam erarbeiten mußten. Eine so umfangreiche und professionelle Anleitung für den Import von Fahrzeugen werden Sie wohl nirgendwo anders finden.

Oft ist der Grund für das Mißlingen eines Selbstimportes allerdings bei der betreffenden Person selbst zu suchen. Dazu einige Beispiele:

Zeitmangel: Wer sein neues Fahrzeug unbedingt schnell braucht und noch keine Importerfahrung hat, sollte lieber die Finger vom Direktimport lassen. Denn in der Regel ist erst einige Zeit nötig, um den Markt zu sichten, Kontakt aufzunehmen und dann eine geeignete Einkaufsquelle zu finden. Formalitäten und unvorhergesehen Schwierigkeiten können den Vorgang nochmals um einiges verzögern. Eine Saison ist auf diese Art schnell vorüber und sehr schnell kann ein Jahresurlaub dafür draufgehen.

Mangelnde Flexibilität: Wer sein Fahrzeug im Ausland kauft, dem darf es nicht zuwider sein, sich mit dem Ausland zu beschäftigen. Mindestens einmal muß der Händler im Ausland aufgesucht werden, wer diesen Posten unter Streß verbucht, ist fehl am Platz; wer gleichzeitig einen Urlaub macht und Spaß in der Sache sieht, wird doppelt belohnt.

Kein Verhandlungsgeschick: Verhandlungen gehören fest zum Auto- oder Motorradkauf. Auch (oder gerade) in den USA kann und muß um Preise oder Zusatzausstattungen gefeilscht werden. Wer den Showroom-Preis bezahlt, ist selber schuld. Mancher Händler muß auch erst überredet werden, überhaupt an Ausländer zu verkaufen, denn die Hersteller – von denen die Händler natürlich abhängig sind – sehen diese Vorgänge höchst ungern. Anderen Händlern fehlt schlichtweg die Exporterfahrung, da ist der Ärger beinahe vorprogrammiert. Zudem kann es über diese große Entfernung bei Rechtsstreitigkeiten oder Zahlungsschwierigkeiten größere Probleme geben, der Klageweg über den großen Teich ist weit.

Falsche Kalkulation: Fast immer werden einige Kosten vergessen oder zu optimistisch gerechnet. Weiter unten folgen deshalb Checklisten, anhand derer Sie genau ermitteln können, welche Kosten wirklich auf Sie zu kommen.

Zu hohe Erwartungen: Für einige Modelle, manchmal auch für ganze Modellklassen (z.B. Oberklasse), kann die Situation gerade in dem Augenblick schlecht sein, in dem Sie Ihr Auto kaufen möchten. Das bedeutet: unter Umständen viel Suchaufwand und trotzdem kein Erfolg.

Überlegen Sie sich, ob diese Punkte auf Sie zutreffen und wenn ja, wie Sie sie vermindern könnten. Es soll Ihnen hier keine Angst gemacht werden; aber wenn Sie nicht der Typ für derartige Geschäfte sind, ist es sicherlich besser für Sie, wenn Sie es rechtzeitig erkennen. So rechtzeitig, daß Sie nicht erst das Geld verlieren, das Sie verlieren können, wenn Sie einfach den Erfolgreichen nacheifern, ohne die nötigen eigenen Fähigkeiten mitzubringen. Auch wenn Sie kein Fahrzeug importieren: Überlegen Sie, wie viel Lehrgeld Ihnen dieses Buch dadurch eingespart hat, daß es Sie vor zu schnellem oder unüberlegtem Handeln bewahrt hat.

Übrigens: Auch wenn Sie zum Schluß kommen, kein Fahrzeug selbst zu importieren, müssen Sie nicht völlig auf die Ersparnismöglichkeiten des Parallelimportmarktes verzichten. Es gibt Händler, die sich darauf spezialisiert haben, diese Arbeit für Sie zu übernehmen, die sogenannten „Grauimporteure". Wir kommen später auf diesen Ausdruck zurück, ein Händlerverzeichnis finden Sie am Ende dieses Buches.

Der „graue Markt" und die USA

Für viele gelten die Vereinigten Staaten nach wie vor als das „Land der unbegrenzten Möglichkeiten". Gerade der Automarkt scheint für den Besucher aus dem Ausland diesem Titel gerecht zu werden. So ist allein schon die Vielfalt der angebotenen Modelle beeindruckend, die Fahrzeuge sind in der Regel mit Extras ausgestattet, die in Deutschland nur gegen Aufpreis erhältlich sind. Der Kunde ist also König. Ein Autoparadies für Deutsche. Neuwagen, Gebrauchtwagen, Liebhaberfahrzeuge, Motorräder –

angeblich werden sie den deutschen Interessenten nahezu aufgedrängt. Ihre Besitzer warten nur auf zahlungskräftige Deutsche. Ist das wirklich so? Leider nicht.

Der amerikanische Markt ist für deutsche Autokäufer nur interessant, wenn der Dollarkurs niedrig steht. Für diejenigen, die sich im Import auskennen und ein gewisses Risiko nicht scheuen, läßt sich jedoch durchaus beim Autokauf sparen.

Erhältlich sind die meisten Fahrzeuge tatsächlich, im besonderen die amerikanischen Modelle. Der Verbraucher wird mit allen Mitteln beworben, denn US-Bürger kennen weder unverbindliche Richtpreise der Hersteller, noch Rabattgesetz oder Verbraucherschutz. Unser Rabattgesetz übrigens ist ein Relikt aus alten Zeiten (es stammt noch aus dem Jahre 1934), das in Deutschland bisher allen Reformbestrebungen widerstanden hat.

In den USA wird also ein hartes Ringen um die Gunst des Verbrauchers geführt. Es werden teilweise beeindruckende Rabatte angeboten. Allerdings hat die Möglichkeit, beliebige Rabatte einzuräumen – wie nicht anders zu erwarten war – auch ihre Nachteile für den Käufer. Oft hat nämlich der Händler den von ihm gewährten Rabatt vorher aufgeschlagen. Papier ist eben geduldig.

Fazit: Sie sollten sich auf jeden Fall Zeit für ausgiebige Preisvergleiche nehmen.

Auswahl des geeigneten Fahrzeugs

Grundsätzlich läßt sich bei allen in den USA vertriebenen Neuwagen etwas sparen. Natürlich bestimmen Angebot und Nachfrage den Preis, für sehr gefragte Modelle wie zum Beispiel Jeep Cherokee, Pontiac TransSport, Opel Sintra (Oldsmobile Silhouette) und Chrysler Voyager (Dogde Caravan) müssen Sie etwas mehr anlegen, beziehungsweise mit weniger Ersparnis rechnen. Mit deutschen Fabrikaten liegen Sie nicht falsch, aber Dieselmodelle von Audi und BMW werden Sie vergeblich suchen. Lediglich Mercedes Benz vertreibt in den USA einen Diesel, den S 350 TD, ein Dreieinhalbliter-Turbodiesel mit S-Klasse-Karosserie. Seit kurzem ist auch der Golf oder Jetta (Vento), der in Mexiko gebaut wird, als Diesel erhältlich. Ansonsten sind nur einige amerikanische Fahrzeuge als Diesel auf dem Markt.

Übrigens haben die amerikanischen Importzentren für deutsche Autos mittlerweile inoffiziell ein Exportverbot erlassen. Die Händler, die einigermaßen gut verkaufen, halten sich daran, um Ärger mit dem Importzentrum zu vermeiden. Es könnte Ihnen beim Import eines Fahrzeuges der Marken BMW, Audi und Mercedes passieren, daß der Händler eine sogenannte Tageszulassung (*quick title*) verlangt. Dabei fallen alle weiter unten in diesem Buch erwähnten amerikanischen Steuern an, die dadurch unrettbar verloren sind. Letzen Endes muß in diesem Falle der Taschenrechner entscheiden, ob sich der Import trotzdem lohnt.

Dennoch gibt es einige Händler, die lieber Geld verdienen und den Ärger mit dem Importzentrum in Kauf nehmen. In einem realen Fall wurden im November 1995 an einem 320er Mercedes mit Vollausstattung rund 26 Prozent gegenüber der deutschen Liste gespart, und das ein Jahr nach Bekanntgabe des Exportverbotes. Außerdem gibt es noch weitere Einkaufsquellen, auf die wir später eingehen wollen.

Bei Motorrädern kann man bei italienischen, japanischen und deutschen Modellen etwa 20 bis zu 30 Prozent sparen.

Sehr günstig sind restaurierungsbedürftige **Liebhaberfahrzeuge**.

Vor dem Kauf von **Gebrauchtwagen** in den Vereinigten Staaten sollte man sich grundsätzlich vor Augen führen, daß eine Institution wie der TÜV nicht existiert. Das bedeutet für die Praxis, daß solche Dinge, die bei der Zulassung oder der technischen Überprüfung hierzulande relevant sind (beispielsweise ausgeschlagene Stoßdämpfer oder Lenkung, poröse Gummis der Radaufhängung, Rost, usw.), bei der Preisgestaltung überhaupt keine oder eine nur sehr geringe Rolle spielen. Zudem besteht in Amerika eine andere Einstellung zu Autos als in Deutschland: Während bei uns viele eine fast liebevolle Beziehung zu ihrem Vehikel aufbauen und sich über einen Kratzer schon graue Haare wachsen lassen, betrachtet man in den USA ein Auto fast ausschließlich als Gebrauchsgegenstand – entsprechend unterschiedlich ist das, was man als „normalen“ Zustand empfindet. Sie sollten also Gebrauchtwagen immer gründlich prüfen.

Das Prinzip des Direktimports

Den meisten Lesern wird das Prinzip schon bekannt sein. Es ist in der Tat auch denkbar einfach:

Anstatt sich ein Kraftfahrzeug in dem Land zu kaufen, in dem man es auch fahren möchte, kauft man es sich im Ausland. Normalerweise wird dieses Prinzip für den „Import“ von einem EU-Land in ein anderes angewandt. Je nach Wechselkurs und Preisklasse des Fahrzeugs kann es sich jedoch auch in anderen Ländern, eben auch in den USA oder Kanada, durchaus lohnen.

Für den Käufer kann diese Methode zu erheblichen Preisvorteilen gegenüber dem „normalen“ Kauf führen. In besonders günstigen Fällen sind über 30 Prozent möglich (in Einzelfällen wurde sogar von 40 Prozent, manchmal sogar mehr, berichtet). Die vorliegende Anleitung will zeigen, wie man von den Möglichkeiten des Kaufes über die Grenzen hinweg profitieren kann, ohne Lehrgeld zu zahlen.

Legal oder illegal?

Wenn Kraftfahrzeuge nicht über den offiziellen (den „autorisierten") Importeur zwischen verschiedenen Ländern gehandelt werden, dann sprechen viele vom **grauen Markt**. Diese Bezeichnung stammt wohl ursprünglich von den Herstellern und Vertragshändlern, die damit den Direktimport öffentlich als illegal brandmarken wollen.

Neben dieser rein verbalen Disqualifizierung wird jedoch auch mit härteren Bandagen gekämpft. So setzen Hersteller sowie auch die Importzentren ihre Vertragshändler im Ausland unter Druck, mit dem Ziel, Verkäufe an Ausländer zu verhindern. Käufer, die deutsche oder auch amerikanische Fahrzeuge im Ausland erstanden haben, müssen damit rechnen, von einheimischen Vertragswerkstätten abgewiesen zu werden. Diese Reaktionen sind aus Sicht der Hersteller und Vertragshändler verständlich. Viele sehen nämlich ihren Profit durch den Direktimport gefährdet.

Ist der graue Markt also schon illegal oder zumindest hart an der Grenze zum Illegalen? Die Antwort lautet ebenso klar wie einfach: Nein, nicht im geringsten. Ganz im Gegenteil: Der freie Handel auch über die Grenzen hinweg ist ein wesentlicher Teil unserer Marktwirtschaft und Grundlage des Erfolges vieler Industriezweige.

Besonders die deutschen Automobilhersteller sollten sich dessen besinnen und nicht dauernd versuchen, den freien Import zu behindern und in ein schlechtes Licht zu setzen. Die Handelsbilanz ist trotz wachsender Eigenimporte positiv. Mit rund 2, 650.000 exportierten PKWs und Kombis (1996) liegt die Bundesrepublik Deutschland weltweit auf Platz zwei hinter Japan mit 5.700.000 Stück, 7% mehr als 1995. (Die genannten Zahlen beziehen sich auf die ausgeführten Einheiten. Was die Produktion betrifft, liegen die USA vor Deutschland, weil der dortige Binnenmarkt wesentlich größer ist). Bis Anfang der siebziger Jahre lag die Bundesrepublik Deutschland sogar auf Platz Eins. Dem stehen laut ZDK (Zentralverband des Deutschen Kraftfahrzeuggewerbes) Schätzungen etwa 500.000 importierte Fahrzeuge im gleichen Zeitraum gegenüber, davon rund 90.000 aus Übersee. Die Hersteller profitieren von den Exportmöglichkeiten in extremer Weise. Weshalb sollten nicht auch Händler und Verbraucher Vorteile aus dem freien Handel ziehen dürfen? Handelsbeschränkungen könnten nur allzu schnell zum Bumerang werden.

Auch die Stiftung Warentest hat sich für die Legalität des Direktimportes ausgesprochen: "Die Brüsseler Verbraucherlobby freut sich über jeden Einzelkämpfer, der Ernst macht mit der Idee vom internationalen Markt und sein Auto dort kauft, wo es am billigsten ist" (Zeitschrift test). Man war sogar der Ansicht, daß auf diese Weise die Konkurrenz belebt wird – was sicherlich zutrifft, da sich nun die offiziellen Importeure überlegen müssen, wie sie den Kauf innerhalb ihres Händlernetzes attraktiver machen. Und was für den innereuropäischen Automarkt gilt, kann zum größten Teil auch auf den Direktimport aus Übersee übertragen werden.

Wieso hat aber trotz alledem der „graue“ Markt diesen Beigeschmack des Illegalen, der sich schon in seinem Namen äußert? Um das zu verstehen, muß man die Preispolitik der Kfz-Hersteller kennen.

Wie kommt es zu Preisunterschieden zwischen verschiedenen Ländern?

Seitdem der Dollarkurs sich bei deutlich unter zwei Mark bewegt, können diese Unterschiede je nach Fahrzeug sogar 50.000 Mark ausmachen. Je nach Stand des Dollars ist beispielsweise an dem beliebten Chrysler Grand Voyager LE 3,3 eine Ersparnis von 32 Prozent zu erzielen. Während der Listenpreis in Deutschland 70.000 Mark beträgt, muß in den USA für das gleiche Fahrzeuge mit vergleichbarer Ausstattung nur 53.000 DM angelegt werden, Überführung und Zoll eingeschlossen. Oder ein anderes Beispiel: der Passat VR 6. In der deutschen Liste mit rund 55.000 DM ausgewiesen, kostet er als Importfahrzeug aus den USA nur 42.000 DM, und das angemeldet vor der Tür, also inklusive aller beim Import anfallenden Kosten. Das sind 30 Prozent Ersparnis. Diese Unterschiede sollten den preisbewußten Käufer recht nachdenklich machen, denn immerhin wird letzteres Auto in Deutschland produziert, vom deutschen Werk aus Wolfsburg zum Hafen transportiert, auf den Frachter verladen, über den Atlantik verschifft, vom Frachter entladen, vom US-Hafen zum Importzentrum transportiert, von dort aus zum amerikanischen Vertragshändler, dann zum amerikanischen Grauhändler, der wiederum transportiert ihn zum Hafen, das Fahrzeug kommt erneut auf einen Frachter und wird wieder über den Atlantik verschifft, wo es nach Entladen vom deutschen Importeur in Empfang genommen wird. Jede diese Aktionen unterliegt Lohnkosten und was der gleichen Dinge mehr ist. Kurz gesagt, jeder Kilometer kostet Geld. Viel Geld.

Aber damit nicht genug. Das Auto kostet bei Ankunft in Deutschland noch zehn Prozent Euroeinfuhrzoll und 15 Prozent Einfuhrumsatzsteuer und muß auch noch umgerüstet werden. Zusätzliche Kosten entstehen für Datenblatt, Ausnahmegenehmigungen, Brief und TÜV-Abnahme. Aber selbst nach dieser Odyssee ist das Auto, wenn mit deutscher Nummer zugelassen, immer noch bis zu 35 Prozent günstiger als beim deutschen Vertragshändler. Wie kann das sein?

Das Geheimnis ist schnell gelüftet, hierzu gibt es im wesentlichen zwei Aspekte:

Preisdifferenzierung

Erster Aspekt: Hersteller werden immer versuchen, den Preis festzusetzen, bei dem er den höchsten Gewinn erzielt. Ist der Preis eines bestimmten Herstellers zu hoch, dann macht er nicht den maximal möglichen Gewinn, weil viele Kunden abwandern und andere Fahrzeuge kaufen; ist der Preis hingegen zu niedrig, dann werden zwar große Stückzahlen verkauft, aber die Kosten werden kaum oder überhaupt nicht gedeckt. Wo der gewinnmaximale Preis liegt, hängt von verschiedenen Faktoren ab, zum Beispiel von den Preisen der Konkurrenten und von der Kaufkraft bzw. den Einstellungen der Zielgruppe.

Die Möglichkeit oder Bereitschaft der Käufer, bestimmte Preise zu zahlen, unterscheidet sich von Land zu Land jedoch ganz erheblich. Daher die oft sehr unterschiedlichen Preise für die gleichen Fahrzeuge in verschiedenen Ländern. Allerdings ist offensichtlich, daß eine derartige Preispolitik (Preisdifferenzierung, wie der Fachbegriff hierfür heißt) nur dann funktioniert, wenn die einzelnen Märkte gut gegeneinander abgeschirmt sind, denn sonst würden die Käufer eines Marktes mit hohen Preisen natürlich einfach auf einem anderen Markt mit niedrigeren Preisen kaufen – und genau das ist das Prinzip des Direktimportes. Sie sehen: Ihr Interesse ist es, daß der Import möglichst einfach ist, dagegen erhöht sich der Gewinn der Hersteller, wenn die Importschranken möglichst hoch sind. Daher sind die Automobilhersteller immer bemüht, den Import, der an ihrem Vertriebsnetz vorbei stattfindet, in ein schlechtes Licht zu rücken.

Für den Kunden bedeutet diese Preispolitik, daß die Preise in den verschiedenen Ländern sehr oft nicht den Preisen entsprechen, die sich ergeben, wenn einfach der Preis des einen Landes in die Währung des anderen Landes umgerechnet wird.

Übrigens: Die Kaufkraft unterscheidet sich natürlich nicht nur zwischen verschiedenen Staaten, sondern auch innerhalb eines Landes, zum Beispiel in verschiedenen Regionen, etwa zwischen Großstädten und ländlichen Regionen. Am liebsten würden die Hersteller auch hier verschiedene Preise verlangen – daß dies nicht möglich ist, liegt einfach daran, daß sich diese Teilmärkte praktisch überhaupt nicht gegeneinander abschirmen lassen: Wären die Preise in Großstädten höher als auf dem Land, würden die Käufer auf das Land abwandern. Oder findige Händler würden sich einfach darauf spezialisieren, Fahrzeuge vom Land in die Städte zu "importieren" und den Gewinn einheimsen, den die Hersteller gern selbst gemacht hätten. Und genau auf diesem Prinzip beruht das Geschäft des "Grauimports".

Krise der amerikanischen Automobilindustrie

Ein weiterer Aspekt besteht darin, daß sich die gesamte amerikanische Automobilindustrie in einer Krise befindet, weil der Amerikaner kleinere Wagen mit geringem Benzinverbrauch bevorzugt. Auch im Land der unbegrenzten Möglichkeiten muß gespart werden. Teure europäische oder amerikanische Fahrzeuge sind lange nicht mehr so gefragt wie vor Jahren noch. Mercedes, BMW und Porsche müssen seit 1991 Jahr für Jahr mit dünneren Auftragsbüchern rechnen (erst seit 1995 geht es wieder etwas bergauf). Würde nun noch deutsches Preisniveau angesetzt, stünden wohl alle US-Porsche noch in den Showrooms. Nur im Hause Daimler Benz läßt man sich nicht beirren und betreibt ebenfalls in den Vereinigten Staaten die bekannte Hochpreispolitik.

Der US-Markt ist also vorerst für hochpreisige Fahrzeuge ausgeschöpft. In Zeiten, als der Dollar noch auf über drei Mark stand, wurden von der deutschen Automobilindustrie riesige Gewinne eingefahren, jetzt werden rote Zahlen geschrieben. Dies geschieht alles in Namen der Marktpräsenz. Die Hersteller nehmen die Mindereinnahmen in Kauf, denn im nicht enden wollenden Kampf um Marktanteile wird auch schon mal im Eifer des Gefechtes so kalkuliert, daß die Preise unter den Herstellungswert fallen.

Die Zeche zahlt zur Zeit – und wie so oft – der deutsche Verbraucher. Ob es sich der Import also lohnt oder nicht, bestimmt neben dem Wechselkurs und der allgemeinen Marktlage auch die Preispolitik der Werke. Ende 1996 mußte für einen Chrysler Voyager der aus den USA importiert wurde, rund 47.000 Mark bezahlt werden (zulassungsfertig). Wäre das Fahrzeug im deutschen Vertragshandel gekauft worden, müßten rund 66.000 Mark für das gleiche Fahrzeug investiert werden. An dieser Stelle können wir uns eine gewisse Kritik an der Preispolitik nicht versagen, denn dies ist ein gutes Beispiel (stellvertretend für andere) dafür, daß die Handelsspannen enorm sind und daß mit diesen Spannen gezielt deutsche Verbraucher zur Kasse gebeten werden. Wie wäre wohl sonst dieses Preisgefüge zu erklären?

Behinderung des Direktimports

Zu beachten ist weiterhin, daß die Hersteller sich immer weitere Tricks ausdenken, den internationalen Handel zu behindern. Denn was für Regierungen gilt, trifft auch für die Autokonzerne zu: Wer Macht hat, der kann sie auch mißbrauchen, um seine eigenen Interessen durchzusetzen. So hat beispielsweise General Motors und Chrysler die Vertragshändler in den Vereinigten Staaten zeitweise gezwungen, keine Fahrzeuge für den Export zu verkaufen. Das bedeutete, daß ein Chrysler oder GM-Fahrzeug, das in den USA gekauft wurde, dort auch zugelassen werden mußte. Damit war dann die Preisersparnis nicht mehr zu erzielen, denn mit der Zulassung fallen die amerikanischen Steuern an und verteuern das Fahrzeug um Einiges.

Eine andere Variante von Lobbyismus besteht darin, in Deutschland unterschiedliche Zulassungsbedingungen zwischen den einzelnen Bundesländern zu bewirken, damit die Kosten für den Export vom einen in das andere Land möglichst hoch werden und er sich daher für den einzelnen Verbraucher nicht lohnt (Beispiele: Leuchtweitenregulierung und Abgasgutachten, Datenblatt, Unbedenklichkeitsbescheinigung des Herstellers, Unbedenklichkeitsbescheinigung des KBAs, Flensburg. etc.).

In Deutschland entbrennt um Chrysler ein regelrechter Handelskrieg, um das große Geschäft selbst zu machen. Dazu verklagt Chrysler die Importeure mit juristischen Haarspaltereien. Ford zieht nach. General Motors (Chevrolet, Cadillac, Buick, Pontiac), VW (Mexiko-Golf) und BMW (Z 3) haben bereits angekündigt (nicht offiziell), auch deutsche freie Importeure zu verklagen. Damit versuchen die Hersteller und Importzentren, deutsche Händler zu Grunde zu richten und den Privatmann, der aufs Sparen bedacht ist, als Kriminellen abzustempeln. Wenn es nach Chrysler ginge, sollten die Gerichte nämlich beschließen, Eigenimporte bei der Einfuhr zu beschlagnahmen. Der Importeur soll nach Chryslers Willen sodann in den Knast wandern. Aber wird nicht funktionieren. Das BGH-Urteil steht noch aus.

Chryslers Klage bedroht den freien Warenverkehr. Mit den Autos hört es ja nicht auf. Textilien, Krankenhauszubehör, Rasenmäher, Medikamente, Nahrungsmittelzusätze, Motorräder usw. sollen vom freien Warenhandel ausgeschlossen werden. Nun ist die Frage: Wann wird der erste Urlauber verhaftet, der sich in Huston, Texas eine schicke (preiswerte) Levis gekauft hat? Soll die auch beschlagnahmt werden und der Unglücksrabe in Unterhosen ins Gefängnis wandern?

Erste Auswirkung der Klage: Die Händler dürfen nicht mehr werben. Dabei berufen sich Chrysler auf das Markengesetz. Demnach dürfen deutsche Händler nicht mit amerikanischen Markennamen werben. In der Praxis sieht es jedoch so aus, daß amerikanische Marken nahezu überall in der Werbung zu finden sind, zu Beispiel GM, John Deree, Murray oder auch Levis, Lee, Wrangler und Co. Sie dürfen dann nur vom offiziellen Vertragshandel vertrieben werden. Der Verbraucher muß dies teuer bezahlen, denn sogenannte Grauimporte sind rund 30 bis 50 Prozent billiger.

Eine andere Spielart der Importbehinderung ist das Verbreiten von Falschinformationen: Ein deutscher Chrysler-Vertragshändler behauptete allen Ernstes, daß die in Amerika hergestellten Chrysler von weitaus minderer Qualität seien, als die in Österreich hergestellten. Das ist natürlich kompletter Unsinn.

Laut Aussage mehrerer Suzuki-Händler wurde Vertragshändlern verboten, die zur Umrüstung notwendigen Scheinwerfersätze zu verkaufen, es sei denn, man bringt eine Fahrgestellnummer eines in Deutschland verkauften Wagens oder den Beweis, daß das Fahrzeug tatsächlich einen Unfall hatte. Aber selbst, wenn man sie bekommt, langt Suzuki (und nicht nur Suzuki) dafür ordentlich zu, zwischen 800 – 1.200 Mark muß für Beleuchtung ausgegeben werden. Daher gleich ein wichtiger Tip: Scheinwerfer aus dem Zubehörhandel besorgen.

Für den 300 ZX Twin-Turbo verweigert Nissan Deutschland die Umrüstsätze. Das Importzentrum drohte sogar den Händlern, die sie trotzdem verkaufen, die Lizenz zu entziehen.

Mazda verweigert ebenfalls den Verkauf von Ersatzteilen, die zur Umrüstung notwendig sind. Ein Mazda MX 5 aus den USA erhielt beim TÜV Hessen eine umfangreiche Ausnahmegenehmigung zum Preise von 500 Mark. Einige Wochen später wurden für die gleichen Ausnahmegenehmigungen 1.000 Mark verlangt, wiederum weniger später 1.500 Mark. Bald darauf wurde die Zulassung völlig verweigert. Der Händler fuhr in ein neues Bundesland und bekam seinen TÜV-Prüfbericht für 40 Mark.

Also behindern nicht nur die Herstellerwerke den Direktimport. Auch Zulassungsstellen, TÜV und Zoll mischen kräftig mit, wenn es darum geht, dem Importeur das Leben schwer zu machen. Ein eigenes Interesse haben sie natürlich nicht. Die Gründe sind hier in anderen Regionen zu suchen. Hier haben wir es mit Bequemlichkeit, Unkenntnis des eigenen Jobs, Ignoranz und in manchen Fällen sogar nackter Bosheit zu tun.

Problemfälle

Sinn dieser Import-Anleitung ist keinesfalls, den Leser zu entmutigen. Es wäre jedoch naiv zu denken, der Import ginge immer ohne Probleme vor sich. Wahrscheinlich gibt es Tausende Beispiele die hier angeführt werden könnten, einige sollen dafür stellvertretend stehen.

Obwohl manche TÜVs recht hilfreich sind, wenn es um Importwagen geht, sind andere Prüfstellen nicht abgeneigt, extra zu kassieren. Fehlen beispielsweise auf dem Datenblatt Angaben, und muß sie der TÜV selber nachsehen und vergleichen, kommen schon mal unterschiedliche Gebühren zustande. Zwischen 30 und 130 Mark wurden für ein und dieselbe Sache bezahlt. Beliebt ist auch die Methode, **generelle Ausnahmegenehmigungen** nicht anzuerkennen und nochmals zu kassieren.

Vom deutschen TÜV Flexibilität zu erwarten, hieße im August auf Schnee zu warten. Bei der **Leuchtweitenregulierung** kommt es zum Beispiel nicht darauf an, ob sie technisch sinnvoll ist, sondern daß die Verordnung zu Lasten des Direktimportes ohne Rücksicht auf besondere Umstände von einigen Stellen durchgesetzt wird. Das gilt auch für die Seitenleuchten an den hinteren Kotflügeln. Sie dienen der Verkehrssicherheit, müssen jedoch für den Betrieb auf deutschen Straßen abgeklemmt, teilweise sogar eingeschwärzt werden.

Bei einem Buick Park Avenue wurde ein kleines Kennzeichen vorn nicht genehmigt, das Auto mußte daher vorne total verunstaltet werden. Der **Tacho** mußte total ausgewechselt werden, weil er nur eine Meilenskala hatte. Andere TÜV-Stellen waren damit zufrieden, wenn gut sichtbare Punkte für die 30, 50 und 100 km/h auf den Tacho geklebt wurden.

Einige TÜVs wiederum, wie der TÜV Südwest, besinnen sich auf ihre eigentliche Aufgaben, nämlich dem Bürger zu helfen und für technische Sicherheit zu sorgen. Der TÜV Mannheim kann hier als vorbildlich genannt werden.

Auch in deutschen Zulassungsstellen kann der Direktimporteur auf Schwierigkeiten stoßen. Die Schalterbeamtin der Zulassungsstelle Rendsburg wollte für die Ausgabe eines Leerbriefes nicht nur den amerikanischen Title, sondern auch die US-Nummernschilder haben. Nun ist es aber absolut nicht üblich, daß die Nummernschilder mit an Bord kommen. Schon gar nicht, wenn das Fahrzeug von einem Händler gekauft wurde.

Sinn dieser Import-Anleitung ist es, Sie vor solchen oder ähnlichen Überraschungen zu bewahren. Viele Probleme lassen sich umgehen, indem bereits vor dem Kauf so viele Informationen wie möglich beschafft werden. Worauf Sie im besonderen achten sollten, erläutern die nachfolgenden Kapitel.

Der Ablauf des Eigenimports im Überblick

Wie geht man nun konkret vor, wenn man ein Auto oder Motorrad im Ausland kaufen will? Der Vorgang ist denkbar einfach:

1. Überlegen Sie sich präzise, welche Fahrzeugtypen für Sie in Frage kommen. Legen Sie sich nicht auf nur einen Typ fest, denn es kann sein, daß gerade bei diesem Modell aus irgendwelchen Gründen weniger Ersparnisse möglich sind. Dagegen können Sie eventuell bei einem sehr ähnlichen Typ ein gutes Schnäppchen machen und es ist sicherlich zu überlegen, ob man in diesem Fall nicht doch umschwenken sollte.
2. Erkundigen Sie sich nach der regulären deutschen Ausstattung, um die Ausstattungsunterschiede zwischen den Modellen beurteilen zu können, und somit den exakten Preisunterschied zu berechnen.
3. Finden Sie als nächstes die Preise derjenigen Modelle heraus, die geeignet sein könnten. Für die erste Information forsten Sie am besten amerikanische Auto- oder Motorradfachzeitschriften auf Händlerangebote durch, um eine Vorstellung von dem aktuellen Preisniveau der einzelnen Länder zu bekommen.
4. Nehmen Sie anschließend einen ersten Kontakt mit Händlern auf, um exakte Preise, Verfügbarkeit, Rabatte usw. zu erfahren.

5. Wenn Sie sich für ein bestimmtes Fahrzeug entschieden haben, halten Sie noch einmal Rücksprache mit einem TÜV-Techniker und der Zulassungsstelle, um böse Überraschungen zu vermeiden. In diesem Stadium sind meist noch Änderungen möglich, die später sehr teuer werden können.
6. Machen Sie dann den Kaufvertrag. Oftmals wird dies brieflich und per Telefon/Fax möglich sein, unter Umständen ist es aber günstiger, den Händler persönlich zu besuchen, um alles zu regeln. (Bedenken Sie: Amerika ist zwar weit, aber eine Reise dorthin ist oftmals kaum teurer als in das europäische Ausland).
7. Wenn Ihnen dann genau bekannt ist, welches Fahrzeug Sie erhalten werden – also genauer Typ mit Ausstattung, Farbe, Fahrgestellnummer usw. – organisieren Sie die Bezahlung, Überführung, TÜV-Termin und Beschaffung der Importpapiere.
8. Vereinbaren Sie für die Umrüstung möglichst schon vorher auch einen Termin bei einer entsprechenden Werkstatt (es sei denn, Sie nehmen die Umrüstung selbst vor).
9. Mit diversen Bescheinigungen beantragen Sie bei der Zulassungsstelle einen Leerbrief und fahren beim TÜV für ein Vollgutachten vor. Bei Ihrem Finanzamt bezahlen Sie dann die Einfuhrumsatzsteuer (Mehrwertsteuer).
10. Anschließend können Sie zu Ihrer Zulassungsstelle fahren und Ihr Fahrzeug normal zulassen.

Die geschilderte Prozedur hört sich zwar etwas angsterregend an, ist aber in Wahrheit verhältnismäßig unproblematisch. Das bestätigt fast jeder, der selbst schon einmal einen Direktimport durchgeführt hat. Im folgenden nun die Details zu den einzelnen Schritten.

Marktübersicht verschaffen

Bevor Sie sich zum Eigenimport entschließen, brauchen Sie selbstverständlich eine genaue Übersicht über die Marktverhältnisse – schließlich können Sie einen möglichen Preisvorteil nur beurteilen, wenn Sie die genauen Preise sowohl in Deutschland als auch in den USA kennen. Wie Sie zu den Auslandspreisen kommen, wird ein später anzusprechender Punkt sein. Wenden wir uns zunächst den Inlandspreisen zu.

Ein Wort zum „Listenpreis"

Vorab ein Wort zu den Bezeichnungen: Immer wieder werden Sie auf Bezeichnung **Listenpreis** stoßen, in Fachzeitschriften ebenso wie im täglichen Gebrauch. Strenggenommen gibt es jedoch in Deutschland keine Listenpreise mehr, seit die Preisbindung der zweiten Hand (mit Ausnahme von Verlagserzeugnissen) verboten wurde: Ein Hersteller bzw. Importeur kann seitdem den Händlern (der "zweiten Hand") nicht mehr vorschreiben, zu welchen Preisen sie an Endabnehmer verkaufen müssen.

Statt dessen sind nur noch **unverbindliche Preisempfehlungen** (Richtpreise) zulässig, von denen die Händler ohne weiteres abweichen können. Daher würde es keinesfalls die tatsächliche Marktlage widerspiegeln, wenn Sie sich einfach an den Preisempfehlungen der Hersteller orientieren würden, sondern Sie müssen herausfinden, was Sie tatsächlich zu zahlen hätten, würden Sie in

Deutschland kaufen. Dies sind die sogenannten **Hauspreise,** also die Preise, die man üblicherweise zu bezahlen hat.

Preise in Deutschland

Verhandeln Sie daher zunächst mit mehreren hiesigen Fahrzeughändlern aus Ihrer Nähe und gehen Sie dabei folgendermaßen vor (dieselben Methoden können Sie versuchen im Ausland anzuwenden, allerdings fallen sie dort normalerweise erheblich schwerer, einfach weil die notwendigen Informationen fehlen und ebenso die Sprachkenntnisse, das Wissen um Gepflogenheiten, rechtliche Details usw.):

Ladenhüter

Bei schwer verkäuflichen Modellen können Sie manchmal erhebliche Nachlässe aushandeln. Falls Sie sich in der Wahl des Fahrzeugtyps noch nicht festgelegt haben, können Sie auf diese Weise an supergünstige Angebote auch innerhalb Deutschlands kommen. Das Geschäft geht allerdings nur dann auf, wenn Sie Ihren Wagen lange Zeit zu fahren beabsichtigen – sonst haben Sie nach einigen Jahren das Problem, den unbeliebten Wagen nur schlecht weiterverkaufen zu können.

Kreditangebote ausnutzen

Achten Sie auf Sonderfinanzierungskonditionen mit extrem niedrigen Zinsen. Da diese Angebote eine Art der Subventionierung dieser Modelle durch den Hersteller sind, ist es normalerweise sehr einfach, dort günstige Preise auszuhandeln, wenn man bar zahlt.

Falls dies nicht gelingen sollte, ist es für Barzahler möglich, einfach das Finanzierungsangebot anzunehmen und gleichzeitig das vorhandene Geld zu einem wesentlich höheren Zinssatz anzulegen. Diese Vorgehensweise wird in der Praxis tatsächlich von vielen cleveren Kunden angewandt und kann durchaus lukrativ sein:

Angenommen, das Fahrzeug kostet DM 25.000,-, der effektive Jahreszins des Kreditangebotes beträgt 2% und das Geld kann in festverzinsliche Wertpapiere zu 6% angelegt werden. Dann bringt diese Transaktion eine jährliche Ersparnis von DM 1000,-. Unterstellen wir, das Kreditangebot habe eine Laufzeit von drei Jahren, dann beträgt die Ersparnis wegen der Zinseszinsen bereits DM 3245,20. Der versteckte Preisnachlaß, der in dem Kreditangebot steckt, beträgt somit sage und schreibe fast 11%!

Ihre Verhandlungsposition ist in diesem Fall außerordentlich günstig: Falls Ihnen der Händler nicht mindestens diesen Preisnachlaß gewährt, können Sie einfach das Kreditangebot annehmen. Folglich müssen Sie für Ihre Preisvergleiche mit dem Ausland diese Option mit berücksichtigen, da eine derartigen Transaktion wahrscheinlich nur im Inland durchführbar sein wird.

Falls es Ihnen möglich ist, die monatlichen Ratenzahlungen an die Kreditbank aus Ihrem laufenden Einkommen zu bezahlen, können Sie Ihren vorhandenen (Bar)geldbetrag als **Festgeld** bei einer Bank anlegen. Das ist vollkommen risikolos, Sie müssen einfach nur angeben, bis zu welchem Zeitpunkt das Geld festgelegt sein soll; je länger der Zeitraum und je höher der anzulegende Betrag, desto höher sind die Zinsen, die Sie heraushandeln können. Fragen Sie insbesondere auch nach sogenannten **Geldmarktfonds**. Damit erhalten Sie oft vergleichbare, manchmal sogar höhere Zinsen als bei Festgeld, können aber von einem Tag zum anderen über ihr Geld verfügen. Vergleichen Sie in jedem

Fall auch die Konditionen, weil sich die verschiedenen Banken hier teilweise deutlich unterscheiden. Außerdem unterliegen Geldmarktfonds gewissen Kursschwankungen, so daß prinzipiell auch Verluste möglich sind, obwohl die bisherige Erfahrung zeigt, daß dies allenfalls in sehr geringem Maß eintritt.

Eine Art Insidertip im Zusammenhang mit sicherer und kurzfristiger Geldanlage ist das **Extrakonto** der Allgemeinen Deutschen Direktbank in Frankfurt/M. (Tel. 069 / 27222-27): Hier erhalten Sie Zinsen in einer Höhe wie bei Festgeld, Sie können aber täglich über das Geld verfügen und die Mindesteinlage beträgt nur DM 1000,-. Bei den meisten Geldmarktfonds beträgt sie dagegen 10.000 bis 20.000 Mark.

Falls Sie den angelegten Geldbetrag gleichzeitig zur Rückzahlung des Kredits verwenden, brauchen Sie eine Anlageform, aus der Sie stückweise aussteigen können. Hierfür eigenen sich besonders **festverzinsliche Wertpapiere**. Diese können zwar im Kurs schwanken, die Schwankungen sind aber gering, so daß im Normalfall das Risiko sehr niedrig ist. Dennoch sollten Sie in Zeiten steigender Zinsen von diesem Modell Abstand nehmen, denn bei steigenden Zinsen fallen die Kurse für festverzinsliche Wertpapiere; andersherum gilt dies allerdings auch, d.h. bei sinkenden Zinsen steigen die Kurse der Festverzinslichen, daher ist das Finanzierungsmodell in Zeiten fallender Zinsen besonders lukrativ, denn die Kosten Ihres Kredits ändern sich durch die Zinsbewegung nicht, aber Ihre Wertpapiere steigen zwischenzeitlich im Wert.

Lassen Sie sich von Ihrer Bank nicht mit Sparbüchern, Sparplänen oder Sparbriefen abspeisen: Diese Anlageformen sind für die Beträge und Zeiträume, um die es hier geht, immer ungünstiger für Sie als Festgeld oder festverzinsliche Wertpapiere. Aktien kommen ebenfalls nicht in Frage, weil sie auch fallen können und daher für Geldanlagen für eher kurze Zeiträume nicht geeignet sind; ebenso verbieten sich Fondsanteile jeder Art, weil dort fast immer eine Differenz zwischen An- und Verkaufspreis besteht (Ausgabeaufschlag), so daß sie sich erst für längere Anlagezeiträume lohnen.

Preisagenturen

Neuerdings gibt es eine zunehmenden Zahl von professionellen Preisforschern, deren Geschäft es ist, für Kunden den billigten Anbieter von bestimmten Waren ausfindig zu machen. Dies kann ein recht lohnendes Unterfangen für die Kunden sein, weil die Profis oft sehr gute Verbindungen und umfangreiche Datenbanken haben.

Zudem ist eine derartige Recherche in der Regel weitgehend risikolos, denn in der Regel zahlt man nur, wenn die Agentur auch tatsächlich fündig wurde; ansonsten wird meist nur eine kleine Gebühr fällig (informieren Sie sich aber vor der Recherche genau über die Preise: die Preisgestaltungen sind mitunter sehr unterschiedlich). Man nennt der Agentur einfach den billigsten Anbieter, den man selbst ausfindig gemacht hat, und dessen Preis. Die Agenturprovision wird dann auf die Differenz fällig. Eine Adressenliste derartiger Preisagenturen finden Sie im Adressenteil dieser Anleitung. Sie sollten in Erwägung ziehen, eine solche Agentur zu beauftragen, um den günstigsten Preis in Deutschland herauszufinden, um sicher zu gehen, daß sich der Direktimport wirklich lohnt.

Preisermittlung in den USA

Um ausgiebige eigene Preisrecherchen werden Sie nicht herumkommen – die Preise ändern sich viel zu schnell, als daß eine

Übersicht jemals aktuell sein könnte. Mit diesem Kapitel verfügen Sie jedoch über das notwendige Rüstzeug, den günstigsten Preis in den USA zu ermitteln.

In den Vereinigten Staaten sind einige Dinge anders als bei uns, besonders beim Autokauf. Es ist ein freies Land, und die Preise sind ebenfalls frei, nach oben wie nach unten. Der "Window Price" (damit ist der Preis gemeint, den die Verkäufer mit grellbuntem Fettstift auf die Windschutzscheibe malen) ist längst nicht der Preis, den Sie für ein Auto bezahlen sollten. Nicht nur bei Gebrauchtwagen, sondern auch bei Neuwagen kann – und sollte – man einen Preisnachlaß aushandeln.

Der Window Price ist ein nämlich ein Komplettpreis, er enthält oft die Gebühren für Zulassung, Fz-Brief, Vorfracht usw... Manchmal jedoch ist extra vermerkt: plus Title (Brief), Registration (Zulassung) and Tax (Steuern). Die amerikanischen Abgaben müssen Sie als ausländischer Käufer jedoch nicht bezahlen.

Bevor Sie anfangen, mit dem Verkäufer über den Preis zu diskutieren, sollten Sie wissen, daß man in Amerika in Sachen Verdienst viel offener ist als bei uns. Händlereinkaufs- und -verkaufspreise sind in Zeitschriften abgedruckt und für jedermann preisgünstig einzusehen. In Deutschland wäre es beispielsweise undenkbar, zu veröffentlichen, wieviel Vertragshändler für die Neuwagen beim Werk bezahlen, d.h. wie hoch die Gewinnspanne ist (ersten zögerlichen Schritten in diese Richtung war bisher nur geringer Erfolg beschieden). In den USA ist das dagegen kein Problem. Je nach dem, ob Sie nun Neu-, oder Gebrauchtwagen, Oldtimer oder Motorräder kaufen, bietet der US-Zeitschriftenhandel ausreichende Informationsgrundlage für den Einkauf.

Die geeigneten Empfehlungen sind jeweils im Text erwähnt, darüber hinaus finden Sie eine Aufstellung im Anhang. Für den Fall, daß Sie selbst in die USA fliegen, werden Sie diese Liste nicht brauchen, da jeder gut sortierte Zeitschriftenhandel genügend Exemplare ausliegen hat. Auch an Tankstellen werden diverse Annoncenblätter vertrieben. Es gibt drüben um die 300 verschiedene lokale und überregionale Publikationen zum Thema Preisermittlung. Deswegen wurden im Text und im Anhang nur die wichtigsten, also die bekanntesten, genannt.

Einer der wichtigsten ist der "Auto Price Almanac". Er erscheint jährlich und ist drüben an jedem Zeitschriftenkiosk für 4.95 $ erhältlich. Beachten Sie auch die einschlägigen deutschen Autozeitungen: Im Annoncenteil unter der Rubrik "Literatur" oder "Sonstiges" werden hin und wieder US-Zeitschriften angeboten. Zwar werden bis zu 30 Mark pro Exemplar verlangt, dieses Geld ist jedoch gut angelegt, wenn man bedenkt, wieviel gespart werden kann. Ebenfalls geeignet für unsere Zwecke ist der "Consumer Guide New Cars" oder irgendeine andere Neuwagenpreishilfe.

Diese Zeitschriften enthalten alle wesentlichen Daten über Neuwagenpreise. Damit können Sie beurteilen, ob der Preis, der Ihnen geboten wird, auch wirklich fair ist. Außerdem wichtig für den Preisvergleich mit dem deutschen Auto: Welche Ausstattung ist drüben Serie, was also ist im Neuwagenpreis enthalten und was kosten die Extras? Achten Sie darauf, immer die neueste Ausgabe für Ihren Preisvergleich heranzuziehen, denn die durchschnittliche Preissteigerung beträgt im Durchschnitt 2,3 Prozent pro Jahr.

Wer es ganz professionell machen will, kauft sich das Computerprogramm "Black Magic" von der Firma National Auto Research. Dort sind nicht nur alle in den USA erhältlichen Autos mit der

Serienausstattung und Händlereinkaufs und Verkaufspreisen aufgeführt, sondern auch Zusatzausstattungen mit Kosten, Finanzierungs- und Leasingkonditionen. Es kostet aber auch knappe 700 Dollar pro Jahr, aber dafür es gibt auch ein monatliches Update. Aber für Privatpersonen, die ein Auto aus den USA importieren wollen, ist das uninteressant, für US-Importeure, die es gewerblich durchführen, aber umso mehr.

Informationen über das Fahrzeug

Bevor Sie sich für den Direktimport aus den USA entscheiden, sollten Sie einige Detailfragen bereits zu Hause klären.

- Stellen Sie sicher, ob die Ersatzteilversorgung gewährleistet ist.
- Umrüsten kann teuer werden. Also vorher in Erfahrung bringen, was genau verlangt wird. Weitere Einzelheiten hierzu im Kapitel "Umrüstungen".
- Kaufen Sie sämtliche Unterlagen für Preisvergleiche und stellen Sie Vergleiche an. Auch deutsche Preislisten von gängigen Neuwagen befanden sich in unserem Reisegepäck. Gut beraten ist der, der sich bereits in den Wochen vor der Abreise über Zustände und Schwächen der Fahrzeuge, für die er sich interessiert, informiert hat.

Alles über Neuwagenpreise

Gewarnt sei an dieser Stelle vor Händlern, die sich zu Unrecht bereichern, indem sie serienmäßige Ausstattungsteile als kostenpflichtiges Extra mit auf Ihre Rechnung setzen. Sie sollten Ihr Preisangebot daraufhin überprüfen, wenn Sie wirklich günstig einkaufen wollen.

Der Preisvergleich der Neuwagen-Extras entscheidet bei manchen Neuwagenmodellen, wieviel tatsächlich gespart wird. Sie rechnen zuerst einmal die Preise der Grundmodelle anhand der amerikanischen Listen aus und vergleichen Sie mit denen der deutschen Liste. Dieses Ergebnis mag auf den ersten Blick interessant sein, gibt jedoch ein falsches Bild, wenn die Extras nicht mit einander verglichen wurden. Profis nennen diesen Vorgang Ausstattungsbereinigung. US-Fahrzeuge sind vom Hersteller fast immer mit Extras regelrecht vollgepackt. Viele Wagen haben alles an Extras eingebaut, was ein amerikanisches Autofahrerherz begehrt, inklusive Automatik-Getriebe und Klimaanlage. Das gilt auch oft für Fahrzeuge der Billigklasse.

Wer als Deutscher einen Wagen ohne Klimaanlage, elektrische Fensterheber und mit Schaltgetriebe haben will, muß ihn bestellen. Sogar im Online-System von Toyota, VW und Mazda war nicht ein einziges Fahrzeug in den gesamten USA ohne oben genannte Extras zu bekommen. Man könnte sie bestellen, aber laut Auskunft der Händler betragen die Lieferzeiten ein halbes bis ein ganzes Jahr. Zusätzlich verlangen sie eine Anzahlung bei Bestellung von 50 Prozent. Das wurde uns so erklärt: Wenn wir den Wagen nicht abnehmen, bleibt der Händler drauf sitzen, denn kein Amerikaner würde ihn in dieser abgespeckten Version kaufen. Im Hinblick auf die Wechselkursschwankungen ein riskantes Geschäft für den deutschen Kunden. Kauft man das Fahrzeug mit den Zusatzpaketen, ist gegenüber dem deutschen Preis kein Geld gespart, einziger Vorteil für Sie als Käufer also: das Auto ist fürstlich ausgestattet. Aber dennoch können Sie viel Geld sparen, wenn Sie ein US-Modell erwerben, denn der Wiederverkaufswert ist natürlich auch dementsprechend hoch. Denkbar wäre beispielsweise, den US-Neuerwerb ein Jahr lang zu fahren und dann praktisch ohne Wertverlust zu verkaufen.

Doch zurück zur Preisfindung. Alle Preise in den Publikationen verstehen sich netto. Praktisch für den Importeur, denn die Steuern müssen nicht erst umständlich herausgerechnet werden. Gleich neben der Modellbeschreibung sind die Einkaufspreise der Händler (Dealer's invoice) und die vom Werk empfohlenen Verkaufspreise (Retail price) angegeben. Sie sind jedoch bei diesem Verkaufspreis mit dem Handeln noch nicht am Ende.

Nun kommt eine US-spezifische Sache zum Tragen: Amerikaner lieben Rabatte und Nachlässe. Wir wollen dies, soweit es für die Preisfindung relevant ist, näher erläutern.

US-Vertragshändler erhalten verschiedene Rabatte auf den Einkaufspreis. Zunächst gibt es den "Holdback". Das ist eine Vergütung für den Vertragshändler von durchschnittlich 2,5 bis 3 Prozent vom Listenpreis. Holdback fällt nur bei einheimischen Wagen an, für deutsche oder Japaner bekommt der US-Händler kein Holdback.

Es gibt noch weitere "rebates" (Rabatte) für die Vertragshändler. Die wären zum Beispiel die sogenannten "Factory Incentives". Darunter versteht man eine Art Verkaufsbonus, meist liegt er bei 5 Prozent. Will ein Werk den Absatz steigern oder das Lager für das Nachfolgemodell räumen, werden ganz gezielt für diese Modelle Verkaufsprämien gezahlt. Diese können sogar von Region zu Region verschieden hoch sein.

Auch können sie je nach Preisklasse des Wagens schon mal fünfstellige Werte erreichen. In der "Automotive News" sind alle Factory Incentives detailliert aufgezeichnet. Im Durchschnitt betragen sie 750 bis 1.500 Dollar, können aber auch in deutlichere Höhen schnellen. Paradebeispiel dürfte der September 1992 sein. In diesem Monat versuchte Porsche, seinen US-Vertragshändlern den Absatz mit 12.000 Dollar Bonus für den Verkauf eines 911er zu versüßen. Da die Nachlässe sehr stark marktabhängig sind, und sich wöchentlich ändern können, würde eine genaue Auflistung an dieser Stelle allzu schnell wieder veraltet sein.

Auf jeden Fall aber können Sie, wenn Sie von einem solchem Rabatt wissen, versuchen, den Preis noch unter den Händlereinkaufspreis zu drücken. Nicht jeder Vertragshändler wird bereit sein, einen Teil seines Rabattes an Sie abzutreten. Hier gilt, wer viel fragt, kriegt viel Antwort.

Dies gilt allerdings nur für schwer verkäufliche Modelle. Auf einen Chrysler Voyager wird es mit Sicherheit keinen Rabatt geben, auch in naher Zukunft nicht. Für ein weniger gefragtes Modell, wie beispielsweise einen Cadillac STS gab das Werk 1997 2.500 Dollar Rabatt. Wer dies bei Preisverhandlungen weiß, hat noch einen Trumpf im Ärmel.

Eine weitere Eigenart, eigentlich Unart, der amerikanischen Händler sind teuer berechnete Eigenleistungen des Händlers. Manchmal werden Spezialwäsche, Unterbodenschutz, Rallyestreifen oder was auch immer als ein Paket angeboten. Man nennt sie drüben "dealer installed options" und diese können je nach Händler teuer werden. Wollen Sie irgendeine Extraleistung in Anspruch nehmen, handeln Sie den Preis einzeln aus, um bösen Überraschungen vorzubeugen.

Es gibt noch einige weitere ähnliche Vorgehensweisen der Händler. Meist zielen sie darauf ab, Ihr Bankkonto zu schmälern und das eigene zu füllen. Sehr beliebt ist in diesem Zusammenhang der "additional dealer mark-up". Das liest sich auf einer Rechnung ungemein professionell, bedeutet wörtlich übersetzt nichts anderes als "Zusätzliche Preiserhöhung des Händlers". Weiterer Kommentar erübrigt sich.

Ähnlich verhält es sich mit "Document handling charges", also Gebühren fürs Ausstellen der Papiere, welcher Art auch immer. Es erhebt sich die Frage, welcher Kaufmann überhaupt Geschäfte machen kann, ohne daß ihm das Ausfüllen eines oder mehrerer Formulare erspart bleibt.

In die gleiche Kategorie fallen "preparation charges", die Bereitstellungskosten. Erstens steht der Wagen sowieso zum Verkauf bereit und zweitens wurde der Händler dafür bereits vom Werk bezahlt. Manche Händler sind da sehr erfinderisch und berechnen beispielsweise für "Rost prüfen" nochmals 50$.

Die Kosten für die Zulassung können Sie ebenfalls streichen lassen. Ihr Wagen wird ja unangemeldet verschifft.

Bei der Destination Charge (Vorfracht) zahlen Sie natürlich nur den Listenpreis. Es gibt keinen Grund – sei er auch noch so einleuchtend vorgebracht – auf die Vorfracht einen Betrag aufzuschlagen. Bleiben Sie hart.

Im Neuwagenpreis sind werksseitig auch alle Nebenkosten einkalkuliert. Skeptisch sollten Sie werden, wenn auf Ihrer Rechnung Posten wie "Advertising Charges" (Werbeumlagen), Certificate of Origin (Ursprungszeugnis) oder ähnliches auftauchen. Es gibt nur ganz wenige Werke oder Importzentren, die die Werbeumlagen berechnen, das Ursprungszeugnis nie. Im Höchstfalle belaufen sich die Kosten für Werbeumlagen auf 150 Dollar. Mehr sollten Sie niemals akzeptieren.

Sie werden eventuell auf Händler stoßen, die die Preise aus dem Almanac als Phantasiepreise bezeichnen. Sicherlich können geringfügige Änderungen aufgrund von Modellvarianten oder verschiedenen Örtlichkeiten eintreten, im Großen und Ganzen liegen Sie mit diesen Preisen jedoch richtig.

Als grobe Faustregel können Sie davon ausgehen, daß Sie ein gutes Geschäft gemacht haben, wenn Sie ein amerikanisches Fahrzeug 100 bis 300 $ über Händlereinkaufspreis plus Vorfracht einkaufen. Für Deutsche und Japaner müssen Sie etwa 300 bis 500 Dollar über dem Händlereinkaufspreis plus Vorfracht rechnen. Hierbei handelt es sich jedoch um eine sehr grobe Richtlinie, weil diese Schätzung die jeweils herrschende Marktsituation außer acht läßt.

Neuwagenpreisermittlung

Für Nachahmer hier noch einmal die Preisermittlung in Stichworten:

Zunächst müssen Sie in Erfahrung bringen:

Vom US-Modell:

- Grundausstattung
- Preise der Extras
- Händlereinkaufspreis
- Händlerverkaufspreis
- Werksvorfracht
- *Advertisement Charges* (Kosten, die das Werk oder das Importzentrum den Händlern für Werbemaßnahmen berechnet)
- *Rebates, Incentives* (Nachlaß, den der Händler zusätzlich für jedes verkaufte Auto erhält)

Vom deutschen Modell:

- Listenpreis (unverbindliche Preisempfehlung des Herstellers) und Hauspreise günstiger Händler
- Grundausstattung
- Preise der Extras
- Werksvorfracht
- Versteckten Rabatt über Ratenzahlungsangebote

und drüber hinaus:

- Dollarkurs (mit Sicherheitsreserve für Kursschwankungen)

Aus diesen Angaben ermitteln Sie den erzielbaren Einkaufspreis. Steuern müssen glücklicherweis nicht berücksichtigt werden, weil die US-Preise fast immer exklusive aller Steuern in allen Publikationen angegeben sind.

Zum Thema Dollarkursschwankungen werfen Sie bitte auch noch einen Blick in das Kapitel "Wechselkurse" weiter unten.

Kontaktaufnahme zu Händlern

Bevor Sie einen Kaufvertrag abschließen, sollten Sie sich unbedingt einen genauen Marktüberblick verschaffen. Bringen Sie deshalb zuerst einige verschiedene Angebote in Erfahrung, und zwar sowohl von deutschen Vertragsunternehmen als auch von ausländischen – und ebenso von "grauen Importeuren". Möglicherweise stoßen Sie auch dort auf äußerst günstige Gelegenheiten, denn oft haben jene Händler außerordentlich gute Verbindungen ins Ausland, so daß sie Ihnen einen vergleichbaren Preis machen können, den Sie auch beim Eigenimport bezahlen müßten. Außerdem: Vielleicht ist es Ihnen auch lieber, zwar etwas mehr zu bezahlen, aber dafür nicht den ganzen Aufwand betreiben zu müssen.

Woher bekommt man Händleradressen?

Für viele Selbstimporteure scheint dieser Punkt ein echtes Hindernis zu sein, wie die vielen Anfragen bei uns im Verlag zeigen – dabei ist die Adreßbeschaffung gar nicht so schwer.

Adressen und Angebote von ausländischen Händlern finden Sie in den entsprechenden Fachzeitschriften und Tageszeitungen mit Kleinanzeigenteil. Fragen Sie danach bei Kiosken für internationale Presse, die Sie an jedem großen Bahnhof oder Flughafen finden. Einige Adressen können Sie auch dem Anhang dieses Buches entnehmen. Betrachten Sie diese Adressen aber bitte nicht als Empfehlung; sie wurden danach ausgewählt, einen möglichst breiten Überblick zu verschaffen, das heißt, es wurden gleichermaßen große und kleine Händler berücksichtigt.

Nachfolgend noch einmal als Zusammenfassung und als Anregung einige Quellen:

- Anhang dieses Buches
- Deutsch-Amerikanische Handelskammer in New York
- Amerika-Haus in Frankfurt am Main (dort liegen unter anderem amerikanische Telefonbücher aus)
- Annoncenteil einschlägiger Zeitschriften (zu beziehen an internationalen Flughäfen oder an Bahnhöfen)
- Internationale Telefonauskunft (Tel. 00118): Fragen Sie für den amerikanischen Ort Ihrer Wahl nach dem Namen des Her-

stellers, unter dem sind oftmals auch Händler eingetragen. So erhalten Sie für 98 Pfennige eine Adresse. (Funktioniert leider nicht per T-Online – dem ehemaligen Btx –, aber Surfer im Internet haben gute Karten.)

- Internationales Händlerverzeichnis (liegt vielen Neuwagen bei)
- Amerikanisches Adreßverzeichnis auf CD-ROM (in Computershops oder zum Beispiel für etwa 50 Mark bei TopWare Direktmarketing AG (Adresse im Anhang).

Die Händler in Hafennähe werden mehr Erfahrung haben, Händler im Landesinnern sind aber eventuell hilfsbereiter und etwas preiswerter. Es ist zu empfehlen, wenn Sie nach einer Marktsichtung einfach in die USA fliegen und einen oder mehrere Händler besuchen. Durch einen persönlichen Kontakt können Sie so manche Schwierigkeit vermeiden. Aber auch der Kauf per Telefon ist möglich, dabei gilt es jedoch einiges zu beachten. Wir kommen später darauf zurück.

Typen von Händlern

Es gibt einfache Kfz-Händler, die wie in Deutschland ihr Gewerbe anmelden und mit dem Autodeal beginnen. Dieser Händlertypus unterliegt praktisch keiner Kontrolle und hat damit potentiell die gleiche Seriösität wie unsere Hinterhof-Gebrauchtwagenhändler.

Dann gibt es noch die sogenannten "DMV (Department Of Motor Vehicles) Licensed Dealers", beim Verkehrsministerium registrierte Händler. Das hat für Sie als ausländischen Käufer den großen Vorteil, daß das Verkehrsministerium die Geschäfte des Händlers überwacht und dieser sogar eine Kautionsversicherung abschließen muß. Gibt es also Ärger mit dem Händler, schlichtet das DMV und kann verschiedene Maßnahmen bis hin zum Entzug der Lizenz ergreifen.

Händler, die auch an Sie verkaufen

Doch auch wenn Sie die Preise kennen, sind Sie noch nicht am Ende, genauer gesagt, zu Ihrem Wagen gekommen. Denn die nächste Frage lautet: Woher kriege ich den Wagen? Üblicherweise würde jeder annehmen, von einem US-Vertragshändler einfach einen Wagen zu ordern. Weit gefehlt:

Erstens haben die wenigsten Vertragshändler Exporterfahrung, das heißt, sie würden Ihnen auch die US-Steuern berechnen. Zweitens, und das ist weitaus wichtiger, die Jungs haben teilweise von ihren Werken und Importzentren Exportverbot erhalten. Das bedeutet: Wird ein Vertragshändler beim verbotenen Export erwischt, wird er beim ersten Mal verwarnt und schon beim zweiten Mal wird ihm das Firmenschild abgeschraubt.

Die Lösung ist recht einfach. Sie kaufen Ihr Fahrzeug über einen amerikanischen freien Exporteur. Vielleicht mögen Sie denken, dadurch wird das Auto nur noch teurer, weil sich noch ein weiterer Händler dazwischen geschaltet hat. Es ist aber nicht so. In den meisten Fällen wird es sogar billiger. Denn erstens braucht der Vertragshändler keine Angst vor seinem Werk oder Importzentrum zu haben, weil eine amerikanische Rechnungsadresse vorliegt. Zum zweiten kennt der Graudealer natürlich die exakten Preise und die Rabatte, die zur Zeit gelten. Fazit: Wenn Sie nicht extrem gute Beziehungen haben, fahren Sie mit einem amerikanischen Graudealer besser.

Wichtige Informationen über die USA

Auto- und Motorradfahren in den USA

Verkehr in den USA

Sie sollten sich unbedingt mit den amerikanischen Verkehrsregeln vertraut machen, die in einigen Punkten von unseren abweichen. Jede Führerscheinstelle händigt Ihnen gern ein Exemplar des Führerscheinlehrheftes aus, meist sogar kostenlos. So dürfen Sie – wie bei unserem grünen Pfeil – in den USA an der roten Ampel rechts abbiegen (aber nur, nachdem Sie wie bei einem Stoppschild einmal ganz angehalten haben – sonst wird's teuer).

Ein weiteres Beispiel nur, um Ihnen zu zeigen wie wichtig das oben gesagte ist. Amerikaner reagieren auf das Thema Kindergefährdung in höchstem Maße allergisch. Hält ein Schulbus vor Ihnen und läßt Kinder aussteigen, ist es verboten, diesen zu überholen. Das Floridagesetz verlangt beispielsweise, zu warten, bis er weitergefahren ist. Doch nicht nur das Überholen ist verboten. Wenn der Mittelstreifen weniger als circa einen Meter breit ist, müssen Sie sogar auf der gegenüberliegenden Fahrbahnseite warten, bis der Bus angefahren ist.

Ebenso empfindlich reagieren amerikanische Cops auf Alkohol am Steuer. In den meisten Staaten der USA ist es sogar verboten, alkoholische Getränke in offenen Flaschen im Fahrgastraum mitzuführen. Bei Mißachtung landen Sie unweigerlich im Gefängnis. Erst ein Anwalt kann Sie wieder herausholen. Daher Schnaps und Bier lieber im Kofferraum verstauen.

Die zulässigen Höchstgeschwindigkeiten sind mit 55 bzw. 65 mph auf Highways bekanntlich deutlich niedriger als bei uns (allerdings der Qualität amerikanischer Autofahrwerke und Führerscheinausbildung auch angemessen). Im allgemeinen werden 5-10 mph Überschreitung toleriert, und es ist normalerweise ziemlich ungefährlich, im zügigen Verkehr mitzuschwimmen, weil man in Amerika keine „Knöllchen" zugeschickt bekommt, sondern direkt von der Polizei gestellt werden muß. Da die Cops immer nur ein Fahrzeug aus der Kolonne herausfischen können, ist man im Convoy ziemlich sicher. Daher ist der Verkehr in den USA paradoxerweise umso schneller, je dichter er ist. Allerdings betrachten einige grimmig dreinschauende Gesetzeshüter Geschwindigkeitsübertretungen als Kapitalverbrechen, und wenn man zu wenig Geld dabei hat, kann es auch schon mal passieren, daß man im Gefängnis landet. Dafür kann man Strafzettel oft mit Kreditkarte bezahlen.

Eine kleine Verwirrung bei deutschen Fahrern lösen Kreuzungen mit 4-way-Stopschildern aus: Dort stehen an allen vier Straßen einer Kreuzung Stoppschilder. Der Ablauf ist so geplant, daß jeder einemal anhält und dann weiterfährt, wenn alle anderen stehen. Bei unserer Fahrermentalität etwas gewöhnungsbedürftig, in Amerika funktioniert es aber.

Führerschein

Wie und womit Sie nun auch immer auf amerikanischen Highways fahren, Sie können Ihren deutschen Führerschein benutzen. Es ist aber empfehlenswert, sich einen internationalen Führerschein bei der deutschen Führerscheinstelle ausfertigen zu lassen, weil – besonders die mausgraue Ausführung – für amerikanische Cops und Fahrzeugverkäufer sehr gewöhnungsbedürftig aussieht. Auch gilt der Führerschein in den USA als Ausweisdokument, so daß Sie bei einem jahrzehnte alten Paßbild darin nicht sehr vertrauenserweckend wirken.

Langzeiturlauber können ohne großen Aufwand einen amerikanischen Führerschein erhalten: In manchen Staaten muß zunächst bei der zuständigen Behörde am Aufenthaltsort eine *Social Security Card* (eine Sozialversicherungskarte) beantragt werden. Sie erhalten sie nach etwa 3 Wochen. Damit sind Sie als Ausländer ohne Arbeitsgenehmigung registriert, als sogenannter *Non Resident Alien.* Mit diesem Ausweis können Sie dann in jedem Führerscheinbüro eine Führersscheinprüfung ablegen.

Es empfiehlt sich, das Führerscheinlehrbuch mit den richtigen Antworten vorher zu lesen. Die Prüfung besteht dann aus einem Fragebogen mit ca. 40 Fragen, bei denen die richtige Antwort anzukreuzen ist. Sie müssen mindestens 75 Prozent richtig angekreuzt haben, dann können Sie Ihre praktische Prüfung ablegen. Auch die ist nicht besonders schwer. Der Prüfer steigt zu Ihnen in Ihr eigenes Fahrzeug und läßt Sie einmal um den Block fahren, einmal wenden und einparken (entsprechend diesem Schwierigkeitsgrad der Prüfung sind übrigens auch die Fahrfähigkeiten der amerikanischen Autofahrer; eine Parklücke etwa, die nicht mindestens Platz für einen Zehntonner bietet, ist für den Durchschnittsami ein unüberwindliches Hindernis). Sofern Sie keinen Unfall verursachen oder grobe Fahrfehler begehen, haben Sie es geschafft. Sie nehmen vor dem Fotoapperat Platz und nach etwa zwei Minuten kommt Ihr Führerschein als kleine, in Plastikfolie eingeschweißte Karte aus dem Automaten. Das Ganze kostet ca. 20 $ und gilt für 5 Jahre, in manchen Staaten unbegrenzt.

Wenn Sie auch den amerikanischen Führerschein nicht unbedingt benötigen, leistet er im Umgang mit Banken oder sonstigen Institutionen als Ausweis gute Dienste.

US-Steuern auf Kraftfahrzeuge

In Deutschland sind die Steuern, die im Verkaufspreis eines Autos enthalten sind, recht einfach zu ergründen. Für in Europa produzierte Wagen werden zum Nettowert einfach 15 Prozent Mehrwertsteuer zugerechnet. Weitere Rechenoperationen entfallen.

Autos, die außerhalb Europas gebaut wurden, wie Japan oder USA, müssen noch Euro-Einfuhrzoll zahlen: Warenwert plus 10 Prozent Zoll, darauf dann die 15 Prozent Einfuhrumsatzsteuer, und das Auto darf auf bundesdeutschen Straßen fahren.

In den USA ist das komplizierter. Zunächst einmal zahlt der Amerikaner für importierte Wagen 2,6 Prozent Einfuhrzoll, ebenso eine *Salestax* oder *Statetax*, ähnlich unserer Mehrwertsteuer. Sie ist von Bundesstaat zu Bundesstaat verschieden, mit einem Durchschnitt von sechs Prozent liegt man aber nicht falsch. Dann gibt es noch eine Strafsteuer für Liebhaber teurerer Wagen. Jeder Dollar, den das Auto über 30.000 kostet, wird mit zehn Prozent extra besteuert. Findige US-Finanzbeamte erfanden eine weitere Steuer: Die sogenannte *Gas Guzzler Tax*, die "Schluckspecht"-Steuer. Diese wird für jeden Wagentyp von der EPA (*Enviromental Protection Agency* = Amerikanische Umweltbehörde) im einzelnen festgelegt. Ein BMW 850i schlägt mit weiteren 3.000 Dollar, ein Mercedes S 600 L mit zusätzlichen 4.500 Dollar zu Buche. Glücklicherweise fallen diese Steuern bei einem Import nach Deutschland nicht an. Wir erwähnen es aber, weil viele Händler versuchen, die amerikanischen Abgaben auch auf den Exportpreis aufzuschlagen.

Kommunikation per Brief und Telefon

Korrespondenz in Englisch

Falls Sie verständigungsmäßig überhaupt nicht weiterkommen, können Sie sich Ihre Briefe auch übersetzen lassen. In Frage kommen dafür Übersetzungs- oder Büroservice-Firmen, die Sie unter diesen Bezeichnungen in Branchenbüchern finden. Büroservice-Firmen sind dabei normalerweise wesentlich günstiger. Oder Sie suchen sich einfach einen Studenten, der es wahrscheinlich noch günstiger anfertigen wird (z.B. per Annonce im regionalen Annoncenblatt).

Englischsprachige Geschäftskorrespondenz per Post übernimmt zum Beispiel die Firma krügel-Innovativ, Postfach 1133, 32805 Horn/Bad Meinberg – ist aber ziemlich teuer.

Einige kleine Sachen gibt es noch, bei denen Mißverständnisse entstehen könnten. Die Amerikaner schreiben zwei Zahlen anders, nämlich die "1" und die "7". Für die "1" wird nur ein senkrechter Strich gemacht: "|", während die "7" , wenn sie mit der Hand geschrieben wurde, fast wie unsere "1" aussieht: "7". Die Schreibweise der "7" wie bei uns mit zusätzlichem Querbalken ist nicht gebräuchlich. Seien Sie deshalb mit diesen Zahlen sehr vorsichtig – es wird teuer, wenn eine 1000 auf einem Scheck oder einer Kreditkartenabrechnung plötzlich zu einer 7000 mutiert.

Weitere Abweichung: Die Amerikaner benutzen den Punkt und das Komma bei Zahlen genau umgekehrt. Wenn wir tausend Dollar schreiben, schreiben wir es so: 1.000,--. Der Ami schreibt:

1,000.--. Achten Sie daher beim Schriftverkehr auf diese kleinen Unterschiede, damit es nicht zu Verwechslungen kommt (Amis sind in dieser Beziehung verblüffend provinziell).

Telefon

In den USA gibt es keine Telefonzellen, in die man wie in Deutschland Fünfmarkstücke stecken kann, sondern alle Münzfernsprecher (wie es bei uns in schönem Beamtendeutsch heißt) akzeptieren nur 25-Cent-Stücke („*quarters*" = Vierteldollarstükke). Auch die Postämter haben allenfalls solche Telefone, und es ist auch nicht möglich, eine Sicherheit am Schalter zu hinterlegen und dann munter drauflos zu telefonieren. (In Amerika sind ohnehin die Postämter nicht für die Telefone zuständig, weil dort die Telefongesellschaften schon immer unabhängig von der Post waren, so wie es jetzt auch bei uns mit der Telekom und anderen Telefonanbietern der Fall ist).

Wer also mehrere Ferngespräche zu führen hat, bewaffnet sich am besten mit einem bis zwei Kilo *quarters*. Diese Geldstücke spielen in Amerika ohnehin eine nicht unerhebliche Rolle: Sie brauchen Sie zum Beispiel auch in den Münzwäschereien (*laundries*), in denen Sie Ihre vor Angstschweiß triefende Wäsche waschen können, oder auch in Bussen müssen Sie meistens passend und in Münzen bezahlen. Daher sollten Sie sich gleich nach der Ankunft in den USA mehrere Rollen Quarters auf einer Bank besorgen, falls Sie nicht schon vor dem Abflug welche beschaffen können.

Das Telefonieren mit diesen Münztelefonen wird recht mühsam, wegen des ewigen Nachsteckens. Aber zu zweit geht es einigermaßen: Einer telefoniert, der zweite steckt Geld nach. Wer eine Kreditkarte hat, die von der Telefongesellschaft anerkannt wird, ist besser dran. Der ruft einfach den "Operator" an, gibt die

Kreditkartennummer durch, die dann geprüft wird, und schon ist die Leitung frei. Die Rechnung erscheint später auf der Kreditkartenabrechnung, meist sogar zu recht fairen Tarifen (nicht wie von eurpäischen Kreditkartentelefonen her gewohnt mit einer Mindestgebühr von 10 Mark und ebensolchen Kosten pro Minute). Der **Operator** ist eine Hilfsperson für alle Dinge, die amerikanische Version des Fräuleins vom Amt, man erreicht ihn oder sie fast immer durch Wählen der Null. Es gibt allerdings an Flughäfen und großen Einkaufszentren auch Telefone, in die sie einfach die „normale“ Kreditkarte stecken können.

Amerikanische Telefongesellschaften bieten ebenfalls **Telefonkarten** an. Über die jeweilige kostenlose Servicenummer wenden Sie sich an den "Customer Service" in den Staaten, dem Kundendienst (Adressen im Anhang). Sie können dort eine sogenannte "Calling Card" bestellen. Der Anruf und die Karte sind kostenlos und kann von jedem Telefon in den USA über den Operator benutzt werden. Lediglich die Telefoneinheiten werden Ihnen von der Telefongesellschaft berechnet. Ein Anbieter, AT&T, versendet die Rechnung sogar nach Deutschland, also jeder Deutsche, der sich hin und wieder in den USA befindet kann nach Herzenslust telefonieren. MCI besteht auf Abbuchung auf einer Kreditkarte (Visa, Masters oder Eurocard), während US Sprint die Karte nur an Deutsche ausgibt, wenn sie mit einer amerikanischen Adresse und einer "Social Security Card" (Sozialversicherungskarte) aufwarten können.

Was es aber auch gibt, sind die bei uns üblichen Telefonkarten, die eine bestimmte Anzahl von Einheiten gespeichert haben, von denen dann die vertelefonierten Einheiten abgezogen werden. Sie sind zwar auch nicht preiswert, jedoch sind sie hinsichtlich der Gebührenhöhe dem Kreditkartentelefon vorzuziehen. Eine Alternative könnte ebenfalls eine deutsche Telefonkarte (T-Card) sein.

Die Telefonkosten werden dem Fernmeldekonto daheim berechnet, sie brauchen also ebenfalls kein Bargeld.

Man kann natürlich auch vom **Hotelzimmer** telefonieren. Bevor Sie jedoch größere Ferngespräche führen, erkundigen Sie sich vorsichtshalber nach dem Preis. In manchen Hotels kann es teuer werden. Hinzu kommt, daß Sie die Anzahl der Einheiten gar nicht überprüfen können. Wenn sich der Clerk also am Schluß "verrechnet", können Sie es weder kontrollieren noch reklamieren. Auch ist in den USA die Unsitte verbreitet, im Hotel sogar dann Gebühren zu berechnen, wenn Sie überhaupt keine Verbindung bekommen haben.

Wer die Lieben daheim sprechen möchte, ruft lieber aus den USA nach Deutschland an. Das Gespräch kostet von Deutschland in die USA mehr als von den Staaten nach Hause. Falls Sie aus irgendwelchen Gründen plötzlich ganz ohne Geld dastehen (solche Situationen sind in den USA durchaus möglich), können Sie von „Deutschland Direkt“ Gebrauch machen: Sie wählen eine der folgenden gebührenfreien Nummern und sprechen dort mit einem deutschsprachigen Operator. Dieser verbindet Sie mit der Nummer in Deutschland, die Sie angeben. Nachteil: Die Zeche geht an die angerufene Nummer, und zwar zu erhöhten deutschen Sätzen, das heißt sie liegt höher, als wenn das Gespräch über eine amerikanische Gesellschaft abgewickelt worden wäre.

Die **Deutschland-Direkt**-Nummern lauten:

1-800-292-0049 (AT&T)

1-800-766-0049 (Maci Int.)

1-800-927-0049 (US-Sprint)

1-800-465-0049 (Deutschland Direkt aus Kanada)

Darüber hinaus gibt es auch für inneramerikanische Gespräche die Möglichkeit für **R-Gespräche** (bei denen der Angerufene die Kosten des Telefonats trägt). Für ein R-Gespräch (*collect call*) rufen Sie den Operator an, nennen die gewünschte Nummer und er wählt diese Nummer an. Sie können bereits mithören, wenn er sich mit dem Angerufenen unterhält und Ihren Namen nennt, damit Sie hören, ob der Angerufene die Gebührenübernahme akzeptiert oder nicht.

Bei dieser Gelegenheit kann man auch gleich einen Blick auf die Systematik der Telefonnumern werfen:

In den USA und in Kanada sind alle Telefonnummern grundsätzlich siebenstellig, die Ziffern werden in zwei Gruppen geteilt, nämlich in eine drei- und eine vierstellige. Diese Unterteilung dient meist eher der Übersichtlichkeit. Wenn man ein Ortsgespräch führen will, wählt man einfach diese Telefonnummer, wie bei uns.

Für ein Ferngespräch muß man dem Telefonapparat erst mitteilen, daß man nicht im Ortsnetz bleiben will. Das geschieht mittels der **Verkehrsausscheidekennziffer**. In Deutschland (und meist auch im restlichen Europa) ist dies die Null, in Amerika ist es in der Regel die Eins. Die Null führt in Amerika meist zum Operator, dem Sie anschließend Fragen stellen können, der auch gleichzeitig die Telefonauskunft darstellt, und der auch per Hand weitervermittelt.

Nach der Verkehrsauscheideziffer folgt die „Ortsnetzkennzahl" (= *area code*). In Deutschland bezeichnen wir die Auscheideziffer zusammen mit der Ortsnetzkennzahl gemeinsam als „Vorwahl" (die daher immer mit einer Null beginnt).

In den USA wird die Ortsnetzkennzahl immer allein genannt, Sie müssen dann selbständig die Ausscheideziffer davor wählen.

Wann immer Sie auf den *area code* 800 stoßen, handelt es sich um eine Gratisnummer, die unserer Vorwahl 0130 entspricht. Jeder Anruf bei einer solchen Nummer ist gebührenfrei. Wenn Sie sich im Land aufhalten, ist dies ein toller Service, er hat aber einen entscheidenden Nachteil: Er ist aus dem Ausland nicht nutzbar, und so sind die 800er Nummern aus Deutschland nicht erreichbar. Dies ist sehr ärgerlich, weil diese Nummern in den USA sehr gängig sind und Sie oftmals in der Werbung ausschließlich auf die 800er Nummern treffen, so daß sie die betreffende Firma von zu Hause praktisch nicht erreichen können. Wenn Sie in Amerika Nummern notieren, nehmen Sie deshalb immer auch die kostenpflichtigen Nummern mit!

900er Nummern entsprechen übrigens unseren 0190-Nummern, das heißt sie sind besonders teuer, weil ein Teil der Gebühr an den Angerufenen abgeführt wird. Die Kosten betragen 2$ pro Minute. Auf solche Nummern stößt man auch beim Autokauf, weil einige Serviceunternehmen ihre Dienste auf diese Weise anbieten.

Falls Sie von Amerika ins Ausland telefonieren wollen, müssen Sie die Landesauscheidekennung vorwählen. Diese kann unterschiedlich sein, im Zweifel fragen Sie den Operator. Anschließend muß man die Landeskennzahl wählen, dann die Ortsnetzkennzahl (natürlich ohne Ausscheidekennziffer), dann die Rufnummer.

Die Landeskennzahlen und Ausscheideziffern sind folgende:

Land	Landes-ausscheide-kennzahl	Landes-kennzahl
Deutschland	00	49
Kanada	001	1
Liechtenstein	00	41
Niederlande	09	31
Österreich	00	43
Schweiz	00	41
USA	001	1

Beispiele:

Um von Deutschland die Nummer (456) 123-9876 in Amerika anzurufen, wählen Sie: 001-456-1239876. Um dieselbe Nummer aus Amerika anzurufe, wählen Sie 1-456-1239876. Um aus den USA die Nummer (069) 447714 in Deutschland anzurufen, wählen Sie 001-49-69-447714 (sofern Sie nicht über den Operator gehen wollen, bzw. müssen).

Oftmals werden in den USA Telefonnummern nicht als Ziffern angegeben, sondern als Buchstabenkombinationen, die man sich leichter merken kann. Eine solche Nummer könnte zum Beispiel lauten 1-900-AUTOSPEC. Entschlüsselt wird das ganze, indem die amerikanischen Telefone alle über den Ziffern auch Buchstaben stehen haben, die man dann einfach wählt. Die eben genannte Nummer heißt in Ziffern: 1-900-288-6773. Eigentlich ganz einfach – bei uns gab es dieses Verfahren vor vielen Jahren auch. Seltsam, daß es zwischenzeitlich verschwunden ist.

Übrigens sind Telefonzellen in den Staaten Privateigentum. Das bedeutet, jedermann kann sie kaufen, mieten oder leasen und die Dauer der Gebühreneinheiten individuell einstellen. Bemerken Sie also einen allzu hohen Verbrauch an Münzen, sollten Sie die Telefonzelle wechseln.

Ein weiteres Phänomen kann verwirren: Oftmals sind die Kosten für ein Gespräch in eine nicht nahe Gegend deutlich teurer als in eine weiter entfernte Zone. Das liegt dann daran, daß die Nahzone von einer regionalen Telefongesellschaft abgewickelt wird, die keine Konkurrenz hat und daher einen Monopolpreis kassiert. Ferngespräche dagegen werden über eine überregionale Gesellschaft abgewickelt (in der Regel AT&T), und diese ist oftmals – wegen der Konkurrenzlage – billiger.

Faxgerät

Unabhängig von allen Problemchen, die bei Telefonieren innerhalb Amerikas auftreten können, ist es eine gute Idee, sich ein Faxgerät zuzulegen: Erstens ist es deutlich einfacher, schriftlich zu kommunizieren als mündlich, zweitens ist es von den reinen Telefonkosten her erheblich billiger, weil Sie sich nicht erst durch langatmige Begrüßungsfloskeln und Weiterverbindungsrituale hindurchkämpfen müssen, bis Sie endlich zu Ihren Informationen kommen. Weiterhin ist es ein Vorteil, daß die Faxkommunikation zeitversetzt funktioniert, denn die mitteleuropäische Zeit ist bekanntlich zwischen sechs (Ostküste) und neun Stunden (Westküste) vor der amerikanischen Zeit, so daß man nur wenige Stunden zu humanen Zeiten hat, in denen man mit

Amerika telefonieren kann. Allerdings muß man auch den Nachteil der Kommunikation per Fax sehen: Eine schriftliche Anfrage in *broken english* landet viel eher im Papierkorb als ein hartnäkkiger Anrufer, der etwas wissen will, und sei sein Englisch noch so schlecht (auch wenn diese Hartnäckigkeit mit 1,44 DM pro Minute nicht ganz billig ist). Aus diesem Grund ist auch von Anfragen per Brief abzuraten: Sie sind zum einen sehr langsam (ca. eine Woche per Luftpost), zum anderen werden sie nicht wirklich ernst genommen.

Wenn Sie ein Faxgerät kaufen wollen, ist es das beste, wenn Sie eine eigene Telefonnummer dafür haben (dies geht am besten mit einem ISDN-Anschluß). Dies ist wirkt nicht nur professioneller, sondern führt auch im täglichen Gebrauch (besonders beim Faxempfang) zu deutlich weniger Problemen. Wollen Sie dennoch Fax und Telefon an derselben Telefonleitung betreiben, achten Sie darauf, daß Sie eine komfortable Faxweiche erhalten. Am besten eigenen sich "aktive" Weichen, die keinen Ansagetext vorspielen, sondern das Freizeichen simulieren. Bedenken Sie: Amerikaner beherrschen fast nie Fremdsprachen und lassen sich durch eine deutsche Ansage leicht abschrecken.

Was sich in letzter Zeit immer weiter verbreitet, ist das Internet, besonders mit den Diensten E-Mail und *word wide web* (www). Über das www können Sie erstaunlich viele Informationen beziehen, die sonst nur sehr schwer zu bekommen wären, und per E-Mail ist die Kommunkation unglaublich schenll und vor allem billig. Wenn Sie an diesen Diensten interessiert sind, dann besorgen Sie sich am einfachsten einen T-Online-Zugang, der Ihnen die Teilnahme unmittelbar ermöglicht. Dieser von der Telekom betriebene Zugang ist zwar weder der billigste noch der beste, aber der wohl von der Abwicklung her einfachste. Wenn Sie sich dafür interessieren, wenden Sie sich am besten an die 1&1 Telekommunikation GmbH (Adresse im Anhang).

Kosten für Telefonate in die USA

Für Verbindungen in die USA gibt es zwei Tarifzeiten, die sich aber kostenmäßig nur geringfügig unterscheiden: Der Spartarif liegt zwischen 3 und 14 Uhr, in der übrigen Zeit besteht der Standardtarif. Es gibt keinen Unterschied zwischen Wochendende und Wochentag. Der Spartarif ist leider keine wirkliche Hilfe (außer für Faxe), weil er endet, wenn es in den USA 8 Uhr (Ostküste) oder sogar 5 Uhr (Westküste) morgens ist.

Die Kosten können Sie den Gebühreninformationen, Teil 2 der Telekom entnehmen. Sie betragen:

	Zeit pro Einheit à 12 Pfennig	Kosten für 3 Minuten	Kosten für 6 Minuten	Kosten für 12 Minuten
Standard-tarif:	5,46 sec	4,32 DM	8,64 DM	17,28 DM
Spartarif:	5 sec	3,96 DM	7,92 DM	15,84 DM

Reisetips

Visum

Für die Einreise in die USA ist ein Visum von der amerikanischen Botschaft oder eines der Konsulate zweckmäßitg, wenn auch derzeit nicht erforderlich. Es gibt mehrere Arten von Visa. Am günstigsten fährt man mit einem B1/B2-Visum. Das wird für Personen ausgestellt, die öfters geschäftlich in den USA zu tun haben. Dieses Visum wird von der amerikanischen Botschaft oder den Konsulaten in den Paß eingestempelt und ist das ganze Leben gültig.

Vor einigen Jahren wurde ein Pilotprojekt gestartet, Bundesbürger ohne Visum einreisen zu lassen. Zur Zeit ist das Visum also nicht so wichtig, obwohl nicht klar ist, ob die visumsfreie Einreise auf Dauer bestehen bleiben wird (zum Ablauf der letzten Probephase sah es für einige Wochen so aus, als würde das Projekt nicht verlängert).

So oder so wird bei der Einreise nach Amerika jeder von der Einwanderungsbehörde gründlich ausgefragt – diese Prozedur können Sie verkürzen, wenn Sie noch ein Visum in Ihrem Paß haben, nehmen Sie daher unbedingt Ihr Visum mit, sofern Sie schon früher eines erhalten haben. Das Visum ist auch noch dann gültig, wenn der Paß abgelaufen ist, in dem es sich befindet. Denken Sie jedoch daran, daß der Paß noch mindestens ein halbes Jahr gültig sein muß.

Die Einwanderungsbehörde fragt nach dem exakten Grund und der Dauer des Aufenthalts. Sie sind gut beraten, dort eine genaue Adresse anzugeben, unter der Sie erreichbar sind. Tragen Sie gegebenenfalls die Adresse des ersten Hotels ein, bei dem Sie eine Übernachtung gebucht haben.

Es wird von dieser Behörde dann ein Schreiben ausgestellt, das den Abflugtag angibt. Es muß immer mit dem Paß mitgeführt werden. Wird dieses Datum überschritten, befinden Sie sich illegal in den USA.

Wechselkurse

Der wichtigste Faktor beim Direktimport aus dem Ausland sind die Wechselkurse. In besonderen Maße gilt dies für den Direktimport aus den USA. Seit dem Ende des Bretton-Woods-Systems, das auf einem festen Wechselkurs anderer Währungen zum Dollar basierte, gilt das Prinzip des "Floating" auf den Devisenmärkten. "Floating" bedeutet ganz einfach nur die Freigabe der Wechselkurse, wobei sich die Bewertung einer Währung – so jedenfalls die Grundidee – an ihrer äußeren Kaufkraft orientiert. Die Praxis hat allerdings gezeigt, daß auch eine Reihe von anderen Faktoren, die zum Teil rein psychologischer oder merkantiler Natur sind, bei der Bewertung einer Devise eine große Rolle spielen. Dazu gehören beispielsweise Wahlen, Kriege, Naturkatastrophen oder auch lediglich Spekulationen von Devisenhändlern. Es liegt auf der Hand, daß viele dieser Faktoren schlichtweg nicht vorhersehbar sind und mitunter zu beträchtlichen Kursschwankungen führen können.

Sehr gut zeigt sich das System der freien Wechselkurse am Kursverlauf des Dollars. Während in der ersten Hälfte der 80er Jahre noch deutlich über drei D-Mark für die US-Valuta gezahlt wurden, hat sie bis Anfang 1995 gegenüber dem japanischen Yen und der D-Mark erheblich an Wert verloren. Es gab zwar zeitweise auch Erholungsphasen, generell gehen jedoch Fachleute von einer Neubewertung der amerikanischen Währung aus. Gegen einen schwächeren Dollar haben auch die USA selbst nichts einzuwenden, da dadurch die Auslandsschulden sinken und US-Produkte auf dem Weltmarkt konkurrenzfähig bleiben. Hinzu kommt, daß der US-Dollar gegenüber Währungen gerade derjenigen Staaten, aus denen viele Importe in die USA fließen, insbesondere den Ländern der sogenannten Dritten Welt, sogar deutlich an Wert gewonnen hat. Hier gilt der Dollar nach wie vor als Leitwährung.

In Zeiten, in denen die US-Devise mal wieder unter Abwertungsdruck gegenüber der D-Mark steht, wie zum Beispiel in der ersten Hälfte des Jahres 1995, lohnt es sich für den Direktimporteur auf jeden Fall, sich auf dem amerikanischen Automarkt umzusehen.

Die Preisersparnis steht und fällt also mit dem Dollarkurs. Steht der Kurs niedrig, zahlen Sie für Ihr importiertes Auto entsprechend wenig. Natürlich beeinflussen noch andere Faktoren den Preis für US-Fahrzeuge, aber der Dollarkurs ist einer der wichtigsten. Sie müssen weder Finanzexperte noch Rechengenie sein, um sich auszurechnen, um wieviel billiger ein US-Fahrzeug bei einem Kurs von 1,50 anstatt 1986 von fast 3 Mark ist. Generell lohnenswert ist der Import bis zu einem Kurs von DM 1,80, bei einigen Modellen wie beim Plymouth Voyager oder Dodge Caravan sogar noch bei DM 2,-.

Noch ein weitere Hinweis zu Dollarkursschwankungen: Falls der Termin der Zahlung deutlich von dem Zeitpunkt des Vertragsschlusses abweicht und Sie vermuten, daß der Dollar deutlich steigen könnte, ist es sinnvoll, sich dagegen abzusichern (Hedging). Sie tun dies, indem Sie Kaufoptionen auf den Dollar kaufen; dies sind Zertifikate, die Sie berechtigen, zu einem späteren Zeitpunkt den Dollar zu einem jetzt vereinbarten Preis zu kaufen. Der Preis für diese Optionen ist dann sozusagen eine Versicherungsprämie für Ihr Geschäft. Details hierzu erfahren Sie bei Ihrer Bank. Sie sollten sich jedoch nicht auf Optionsgeschäfte einlassen, ohne sie vollständig verstanden zu haben, denn die Gefahr ist sehr groß, hiermit viel Geld zu verlieren.

Flug

Als nächstes muß ein günstiger Flug gebucht werden. Das ist eine recht einfache Angelegenheit. Vergleichen Sie die Angebote aus der Werbung und den Reiseteilen Ihrer Tageszeitung. Die Entscheidung fällt dann nicht schwer, allerdings muß das günstigste Angebot nicht immer das beste sein. Sicherheit wird bei den großen, etablierten Airlines großgeschrieben. Also sparen Sie hier nicht am falschen Ende.

Je nach Reisezweck bieten sich verschiedene Buchungsmöglichkeiten an. Wer nur zum Autokauf in die Staaten fliegt, kann einen Flugschein mit dem Hinweis *open return* kaufen. Das bedeutet, Sie können zurückfliegen, wenn Sie Ihr Traumauto gefunden haben. Allerdings sind solche Tickets meist teuerer, als wenn Sie kurzentschlossen einen Last-Minute-Flug in einer Chartermaschine buchen. Bei diesen Flügen liegt der Rückflugtermin fest und kann nicht geändert werden. Bei einigen Fluglinien läßt sich das Ticket am Abreiseflughafen allerdings auch kurzfristig umbuchen. Da die Flugtarife für den Uneingeweihten schwer durchschaubar sind, raten wir Ihnen, sich bei Ihrem Reisebüro über Umbuchungsmöglichkeiten genau zu erkundigen. Für Pauschalreisende steht der Rückreisetermin ohnehin fest, Umbuchungen auf einen anderen Abflugtermin sind dort, wenn überhaupt, nur über die Reiseleitung am Urlaubsort möglich. Für Autokäufer eine gefährliche Sache, weil kleine Verzögerungen so sehr schnell teuer werden können.

Unterkunft

Auch hier gilt das Gebot des Handelns (Sie können gleich für den Fahrzeugkauf üben). Ist das Motel nicht voll ausgebucht, funktioniert es meistens mit dem Hinweis, im Hotel nebenan wäre der Tarif geringer.

Vergessen Sie nie, nach einem *discount* zu fragen! Geben Sie mögliche Hilfestellungen, wofür ein solcher Discount möglich sein könnte: Wenn Sie Student sind, ist das sehr hilfreich, sehr viele Motels gewähren einen Nachlaß für Mitglieder des Amerikanischen Automobilclubs AAA (Triple A). Da dieser die Mitgliedschaft im ADAC anerkennt, brauchen Sie nur Ihre ADAC-

Clubkarte zu zeigen, und schon bekommen Sie etwa 10% Nachlaß. Das ist doch etwas, oder?

Eine andere Möglichkeit, an gute Discounts zu gelangen, sind die Discount-Gutscheine, die man in vielen Reiseführern oder auch Staßenatlanten findet. Zwischen den absurdesten Lockvogelangeboten finden sich manchmal echte Leckerbissen.

Sie sind gut beraten, sich die *booklets* der einzelnen Motelketten ins Auto zu legen und dann gezielt die einzelnen Motels anzusteuern. Falls Sie eher wenig Geld ausgeben wollen, sind folgende Ketten zu empfehlen:

Motel 6: Einfach ausgestattet aber fast immer sauber; gewöhnungsbedürftiges Publikum, viele Trucker. Motto: Billigste überregional tätige Kette am Ort.

Motel Super 8: Eine halbe Klasse besser und teurer als Motel 6, etwas teurer, 10% Dicount auf ADAC-Mitgliedschaft, oft mit *continental breakfeast*, das heißt Gratis-Kaffee und Gratis-Donut.

Econolodge: Noch etwas besser und teurer, mit (teurem) Telefon auf den Zimmern.

Vermeiden Sie den Fehler zu fragen: „Do you have a free room?“ Denn: *free* heißt im Amerikanischen fast immer *gratis*! Viele Deutsche wundern sich, weshalb sie bei einem Motel abgewiesen wurden, obwohl vor der Tür ein großes *vacancy* prangte – das Geheimnis liegt nur allzu oft in diesem Übersetzungsfehler. Die Vermieter vermuten dann, der Besucher frage nach einem Werbesonderangebot, was in Amerika nichts ungewöhnliches ist.

Mietwagen

Ohne Auto läuft in den Staaten gar nichts, weil alle Strecken sehr weitläufig sind, wenige Städte wie New York oder LA (Los Angeles) vielleicht ausgenommen – dort sollten Sie sich lieber eines "Cabs" (Taxi) bedienen. Sie werden also einen Mietwagen benötigen, wenn Sie inserierte Fahrzeuge begutachten wollen.

Die günstigste Möglichkeit, an einen Mietwagen zu kommen, ist eine Gebrauchtwagenvermietung (Motto: „rent a wreck“). Nur 50 bis 100 Dollar die Woche muß man dafür ausgeben, die Qualität ist allerdings auch dem Preis angemessen. Sie finden die Autovermieter im Branchenbuch (*Yellow Pages*) unter *car rental.*

Es ist möglich, bereits von Deutschland aus einen Wagen zu buchen. Allerdings kann es dann passieren, daß man drüben ankommt und feststellt, daß der gleiche Wagen bei einer anderen Firma nur die Hälfte gekostet hätte, es ist aber genausogut möglich, daß er bei allen anderen Vermietern das doppelte kostet. Das liegt an der Preisgestaltung in der amerikanischen Wirtschaft. Es ist möglich, daß ein Kunde ankommt und für einen Cadillac 55 Dollar pro Tag bezahlt, plötzlich wird ein Sonderangebot bekanntgegeben und der nächste Kunde zahlt die Hälfte – oder eben auch das Doppelte. Hier hilft einzig und allein Ihr Verhandlungsgeschick. Solange Bargeld lacht, sind die Vermieter verhandlungsbereit.

Lassen Sie sich bestätigen, daß der angegebene Preis der endgültige Mietpreis ist. Amerikaner lieben nicht nur Rabatte, sondern auch Zuschläge. Sonst kann es bei der Abrechnung eine böse Überraschung geben.

Vermeiden Sie einen Tarif, bei dem die Tankfüllung inbegriffen ist: Sie müssen dann den gesamten Tankinhalt bezahlen, obwohl sie das Auto praktisch nie ganz leergetankt zurückbringen können. Wenn Sie es vollgetankt abliefern müssen, dann tun Sie das allerdings auch: Die Autovermietungen berechnen Ihnen sonst für die nachgefüllten Liter spielend den drei- bis fünffachen Preis, den Sie an einer Tankstelle bezahlt hätten.

Sie brauchen immer eine Kreditkarte für die Kaution. Viele Autovermietungen fragen dann die gesamte Kaution bei Ihrem Karteninstitut an und – wenn Sie Pech haben – kommen Sie so schnell über das Limit, das Sie Ihrer Bank wert sind. Sprechen Sie deshalb vor einer Amerikareise, auf der Sie mehrere Mietwagen mieten werden, unbedingt mit Ihrem Kontoführer bei dem Kreditkarteninstitut. Falls Sie merken, daß der Autovermieter den Betrag in voller Höhe anfragen will, versuchen Sie ihn davon abzubringen.

Denken Sie auch daran, daß die meisten amerikanischen Mietwagenfirmen nur an Personen über 21 Jahren vermieten (manchmal auch erst über 25 Jahren).

Alternativen zum Neuwagenkauf

Neben dem einfachen Neuwagenkauf gibt es noch eine ganze Reihe weiterer Möglichkeiten, wie Sie günstig an amerikanische Fahrzeuge kommen können. Eine Zusammenstellung mit dem zugehörigen Know-how finden Sie in diesem Kapitel.

Gebrauchtwagenkauf

Die Vorgehensweise beim Gebrauchtwagenkauf ist etwas anders als beim Neuwagenkauf: In einem ersten Schritt sichten Sie die lokalen und auch die nationalen Anzeigenhefte und treffen telefonisch eine Vorauswahl. Hefte, die in Frage kommen, finden Sie im Adressenverzeichnis, darüber hinaus befinden sich in vielen Tageszeitung täglich Gebrauchtwagen-Angebote, wobei eine Häufung der Anzeigen – wie bei uns – am Wochende besteht.

Bei den Fahrzeugen, die Sie in die engere Wahl gezogen haben, ist dann eine Begutachtung vor Ort sehr dringend anzuraten, weil sich die Zustandsbeschreibungen nicht mit dem decken, was man bei deutschem Hintergrund erwartet. Die Besichtigungen sind allerdings wegen der großen Entfernungen deutlich aufwendiger als bei uns.

Wie im Deutschen auch, hat sich in den Annoncen ein eigener Code entwickelt. Es ist unmöglich, diese Insidersprache komplett wiederzugeben, zumal sie sich laufend ändert und übrigens auch von „normalen“ Amerikanern nicht unbedingt vollständig verstanden wird. Sie finden in diesem Abschnitt aber einige wichtige Hinweise auf den verwendeten Code, und auch in der Vokabelliste im Anhang sind übliche Abkürzungen für die Termini technici angegeben.

Falls Sie innerhalb Amerikas ein Fahrzeug über größere Entfernungen kaufen möchten, bedenken Sie, daß die Entfernungen ungleich größer sind als bei uns und daher die Reisekosten eine erhebliche Rolle spielen können. Sie sind nicht nur in den Preis einzurechnen, sondern schwächen auch Ihre Verhandlungsposition, wenn Sie vor Ort erschienen sind. Denken Sie bei Verabredungen auch daran, daß in Amerika verschiedene Zeitzonen existieren und Sie daher bei einer Verabredung über dieselbe Zeitzone sprechen sollten wie der Verkäufer.

Preisinformationen über Gebrauchte

Zur Preisinformation eignet sich die "Black Book"-Gebrauchtwagenliste oder die NADA-Liste, die der Schwacke-Liste in Deutschland ähnlich sind. Händlereinkaufspreis, Händlerverkaufspreis und ehemaliger Neupreis sind darin enthalten. Der NADA (*National Auto Dealers Association*) Official Used Car Guide wird von sehr vielen Autohändlern benutzt und macht recht genaue Angaben zu Aufschlägen oder Nachlässen für Sonderausstattungen, Zustand, Kilometerstand usw. Es gibt ihn zusätzlich in verschiedenen Regional- und Sonderausgaben. Das Black Book wird gern von Banken benutzt, um die Beleihungsgrenzen jüngerer Modelle zu bestimmen. Es hat den Ruf, die Preise etwas geringer einzuschätzen als die NADA-Liste.

Leider ist es nicht möglich, einzelne Exemplare dieser beiden Listen zu kaufen. Sie müßten also einen Händler finden, der Ihnen die Liste vom letzten Monat überläßt. Meist ist das kein Problem, denn die alten Listen werden oft gleich weggeworfen.

Für den Privatkäufer bietet sich eher eine Publikation wie der *Autoprice Almanac* an, in dem auch Gebrauchtwagenpreise enthalten sind. Es gibt eine ganze Reihe weiterer lokaler und nationaler Hefte, die auch dafür in Frage kommen. Gehen Sie einfach in einen gut sortierten Zeitschriftenhandel, dort werden Sie auf jeden Fall fündig. Einen Haken haben die Listen allerdings: Die Preise sind oftmals eher theoretisch zu sehen, als daß sie sich auf den Markt wirklich in jedem Einzelfall anwenden lassen. (Das gilt nicht für die Neuwagenpreise im Autoprice Almanac.) Sie können sich mit diesen Listen zwar durchaus einen groben Überblick verschaffen, aber gängige Modelle, Cabrios und Geländewagen werden manchmal für das Doppelte des Preises verkauft, mit dem sie in der Liste notiert sind.

Kleiner Tip: Dunkle Farben und Metalic-Lackierungen, die bei uns den Wert eher steigern, sind in Amerika weniger gefragt, weil sie die Wageninnentemperaturen erhöhen und leichter ausbleichen. Dagegen ist Gelb in Amerika eine beliebte Farbe, die in Deutschland eher schwer verkäuflich ist (eine Ausnahme stellen schnelle Sportwagen dar, bei denen auch in Deutschland neuerdings Gelb neben Rot zunehmend an Bedeutung gewinnt).

Welche Gebrauchten lohnen sich?

Doch wie auch immer, der Gebrauchtwagenkauf lohnt sich, Sie sparen etliches an Geld. Am günstigsten sind natürlich die amerikanischen Fahrzeuge. Ein Beispiel für ein günstiges Modell: der Dodge Diplomat, ein Mittelklassewagen ähnlich dem deutschen Opel Kadett Stufenheck. Ebenfalls günstig: Pontiac Firebird, Chevrolet Camaro, Chrysler Voyager oder eine Corvette.

Generell gilt, daß Amerikaner goßen Wert auf die Ausstattung und andere Eigenschaften legen, die wir als Äußerlichkeiten empfinden. So lassen sich – besonders in den warmen Gegenden

– Autos ohne Klimaanlage praktisch nicht verkaufen (was allerdings auch sofort verständlich wird, wenn man die dortigen Temperaturen erlebt hat), wogegen haarsträubende technische Mängel kaum zur Kenntnis genommen werden. Das ist nicht nur ein Mentalitätsunterschied, sondern hängt auch damit zusammen, daß unsere Standards für wesentlich höhere Geschwindigkeiten ausgelegt sind.

Vorsicht geboten ist bei älteren Gebrauchten, weil der Zustand bisweilen katastrophal ist: Die Sitze sind häufig zerrissen, Beulen, Dellen und Kratzer sind überall gegenwärtig, Motor verdreckt und verölt, Laufunruhe und rasselnde Lager an der Tagesordnung. Autopflege wird in den USA nicht eben groß geschrieben. Auch einen TÜV wie bei uns gibt es in den USA nicht. Es ist ein freies Land, jeder hat das Recht, mit einem verkehrsunsicheren Auto zu verunglücken. Die meisten der sechs, sieben Jahre alten Fahrzeuge sind durchgerostet. Daß Autos aus Kalifornien oder Florida rostfrei seien, ist nur ein Gerücht. Überall, wo die See nicht weit weg ist, rosten die Autos fast so wie hier in Deutschland. Da hilft auch nicht die sprichwörtliche Floridasonne. Wer rostfreie Autos will, muß ins Landesinnere, also Nevada, Neu Mexico, Arizona oder Texas. Allerdings gibt es außer den Beteuerungen des Verkäufers keine Garantie, daß ein Auto aus Arizona nicht schon acht Jahre vorher auf gesalzenen Straßen in New York gelaufen ist. Es läßt sich anhand des Titles (siehe Kapitel US-Fahrzeugbrief / Title).

Sehr junge Gebrauchte lohnen sich ebenfalls nicht, denn die darin enthaltenen Finanzierungskosten treiben den Preis in die Höhe. Lohnenswert sind daher besonders Fahrzeuge, die zwischen drei und fünf Jahre alt sind.

Nummernschilder

Falls Sie einen Gebrauchten kaufen, versuchen Sie möglichst immer, auch die Nummernschilder mitzubekommen. Denn oft wird es bei der deutschen Zulassungsstelle sehr kompliziert, wenn sie fehlen, weil dort immer die alten Nummernschilder eingezogen werden müssen.

Viele Amerikaner geben ihre alten Nummernschilder aber nicht gern her, weil sie sich – gegen Gebühr – eine individuelle Buchstaben-Ziffern-Kombination ausgesucht haben und die Nummernschilder an einem anderen Fahrzeug weiterverweden können. Erlaubt sind alle Kombinationen mit bis zu sieben Zeichen, die noch nicht vergeben sind. Daher kommen auch die netten Zeichenfolgen, die derzeit auch außerhalb der Nummernschilder ganz chic sind, wie 2gether 4ever, 2qt4u (*too cute for you*) oder bar-b-q usw. Ausgenommen sind anstößige Wörter (also besonders die typischen *four letter words*).

Kauf von Mietwagen

Ausgemusterte Mietwagen sind billig zu haben, aber leider ist der Zustand auch dementsprechend.

Zudem wird häufig der **Tachostand** manipuliert. Der Verkäufer ist nach amerikanischen Recht so gut wie nicht belangbar, es sei denn, er ist ein lizensierter Händler und er hat Ihnen für das Fahrzeug ein sogenanntes *odometer statement* mitgegeben, also eine Bestätigung, daß der Tachostand stimmt. Es ist zwar auch keine wirkliche Sicherheit, denn auch dort kann noch betrogen werden, aber immerhin ist es besser als nichts.

Einen Beispieltext für ein derartiges *odometer statement* finden Sie im Anahang, und Sie sollten es sich unbedingt bei jeder Form des Gebrauchtwagenkaufs ausstellen lassen – auch wenn die juristische Durchsetzbarkeit für einen Ausländer nicht allzu hoch ist, hat es wenigstens eine kleine psychologische Wirkung. Ganz abgesehen davon sind aber in Amerika die Klagewege mitunter deutlich kürzer als bei uns, so daß Sie zumindest bei einem mehrmonatigen Aufenthalt eine reelle Chance haben, das Rechtssystem auch in Anspruch zu nehmen.

Versteigerung

Günstig können Sie an einen jungen Gebrauchten kommen, wenn Sie ein *Repossession*–Fahrzeug kaufen. Das sind Fahrzeuge, die von einer Privatperson oder einer Firma geleast oder finanziert worden sind. Wenn der Besitzer die Raten nicht mehr bezahlen kann, schickt die Leasinggesellschaft oder Bank den *repoman* (eine Art moderner Kopfgeldjäger, der sein Geld mit der Wiederbeschaffung verpfändeter Gegenstände verdient). Er ist groß und stark und holt das Auto einfach weg, notfalls mit Gewalt. Die so beschafften Wagen werden meist auf Auktionen zum Beleihungswert versteigert. Dieser beträgt durchschnittlich zwischen 50 und 70 Prozent des aktuellen Wertes. Hier kann also wirklich gespart werden.

Einen kleinen Haken gibt es aber auch hier. Auf diese Auktionen kommt man nur mit einem Händlerausweis. Doch auch das ist kein Problem. Gehen Sie zu einigen Händlern und bieten Sie ihnen 100 Dollar dafür an, daß er Ihnen einen Tagesausweis ausstellt und einen seiner Angestellten mitgibt. Sollten Sie einen Wagen kaufen, versprechen Sie weitere 200 Dollar für die Hilfestellung. Das sind übliche Sätze, meist werden sie akzeptiert.

Oldies und Liebhaberwagen

Darunter versteht man ältere, meist europäische Wagen, die sich auch in Deutschland großer Beliebtheit erfreuen, wie zum Beispiel Triumph, Austin-Healey, Jaguar XK und E, MBZ 190 und 300 Roadster. Zu den Liebhaberwagen zählt man amerikanische Wagen aus den 60ern und 70ern, Cabrios und hubraumstarke Ami-Geländewagen, Firebird sowie Corvette. Dieses sind allerdings nur Beispiele, denn was jemand als einen Liebhaberwagen bezeichnet, ist eine rein persönliche Angelegenheit. Es kommen bestimmt Hunderte andere Marken und Modelle in Frage. Eine Schwacke-ähnliche Preisliste für Fahrzeuge dieser Art ist die CPI-Liste (*Cars of Particular Interest)*, die vierteljährlich erscheint.

Die Oldies sind inzwischen fast ganz vom amerikanischen Markt verschwunden. Das, was sich noch auf dem Markt befindet, ist entweder gut und extrem teuer oder blanker Schrott für viel Geld. Ein weiteres Problem besteht darin, daß die amerikanischen und deutschen Abgasvorschriften erst seit 1983 identisch sind, so daß es bei älteren Modellen in Einzelfällen Probleme geben könnte.

Eine Preisliste für Oldtimer ist der *Old Car Price Guide*, der allerdings eher auf amerikanische Modelle konzentriert ist, und der *Price Guide to Collector Cars*, der sehr umfangreich ist und importierte Autos abdeckt. Das größte Anzeigenblatt zum Thema ist *Hemmings Motor News (HMN)*, das amerikanische Gegenstück zum deutschen *Oldtimer-Markt*. Diese Zeitschrift sieht von der Dicke und Aufmachung her fast aus wie ein Telefonbuch und gibt einen sehr guten Marktüberblick. Man erhält dieses Blatt in Amerika an guten Kiosken, manchmal auch schon am Flughafen.

Auch bei Geländewagen sinkt das Angebot, was sich natürlich auf den Preis niederschlägt. Ebenfalls teuer sind viele der optisch stark aufgemotzten Fahrzeuge (Autos lassen sich diese manchmal kaum noch nennen), dagegen gibt es noch keine Engpässe für fast alle amerikanischen Limousinen und Cabrios.

Motorradkauf

Leider ist das Angebot an gebrauchten und neuen Harley Davidson in den letzten Jahren stark zurückgegangen, während die Preise stiegen. Der Markt ist so gut wie leergekauft. Neue Harleys, wie zum Beispiel die Fat Boy, werden mit bis zu 5000 Dollar Überpreis gehandelt. Lohnenswert ist bestenfalls die Sportster.

Neue Maschinen sollten Sie daher lieber in Italien, Spanien, Großbritannien, Schweden oder Finnland kaufen (wie's geht, steht in der EU-Import-Anleitung, ebenfalls erschienen im Christian Rieck Verlag).

Es könnte sich jedoch lohnen, nach großen Japanern zu schauen, zum Beispiel nach einer gebrauchten Honda Goldwing. Bei einer zwei bis drei Jahre alten Maschine lassen sich bis zu 40 Prozent nach Zulassung einsparen. Das gleiche gilt für Kawasaki und Suzuki.

Garantie

Weltweite Garantie?

Sobald das frisch erstandene Fahrzeug irgendwelche Mängel aufweist, stellt sich die Frage nach der Garantie. Innerhalb der EU gibt es – wie es vor zwei, drei Jahren noch der Fall war – jetzt kaum noch Schwierigkeiten. Garantiefälle an Importen aus den benachbarten Staaten werden fast immer anstandslos durchgeführt. Es kann nur noch passieren, daß der Vertragshändler "keine Zeit" hat. Das ist eine etwas subtilere Form der Garantieverneinung, allerdings kommt sie jetzt nur noch selten vor. +++

Anders sieht es jedoch mit US-Importen aus. Einige der Herstellerwerke und Importzentren, die auch in Deutschland vertreten sind, bieten weltweite Garantie an, andere wiederum nicht. Weltweite Garantie wird nur derzeit nur von Alfa Romeo, BMW, Daihatsu, Mercedes, Porsche, Saab und VW gewährt, wobei von diesen Marken nicht alle in den Vereinigten Staaten erhältlich sind. Es ist allerdings ratsam, vor dem Import nochmals schriftlich in der Garantieabteilung nachzufragen, denn es ist durchaus möglich, daß zwar heute weltweite Garantie zugesagt wird, sie aber kurzfristig verweigert wird, sobald der US-Import einen starken Zuwachs verzeichnet. Auf der einen Seite will jeder Hersteller kundenfreundlich sein, auf der anderen Seite will er aber auch seine eigenen Interessen wahren.

Übrigens ergeben sich zum Thema Garantie noch weitere, recht interessante Aspekte. Der Vergleich der Neuwagengarantien verschiedener Werke in Deutschland mit denen der USA ist solch ein Aspekt:

Garantiezeiten

Alfa, Audi, Ford, Jaguar, Rover, Saab, Suzuki und Volvo geben in Deutschland nur ein einziges Jahr Garantie, der gleiche Wagen erfreut in den USA seinen Besitzer mit drei Jahre Sicherheit. BMW und Mercedes-Benz finden, daß deutsche Käufer mit einem Jahr allemal genug Garantie haben. Werden die Autos verschifft und auf Highways gefahren, haben sie automatisch *vier* Jahre Garantie. Doch damit hört es noch nicht auf. Sämtliche Inspektionskosten innerhalb der vier Jahre sind bei der Mercedes S-Klasse kostenlos, genau wie bei der dreijährigen US-Alfa-Garantie. Ein deutscher Autofahrer rechnet in diesem Zeitraum immerhin mit mehreren tausend Mark an Kosten für diese Positionen. VW, Aston Martin und die italienischen Sportflitzer Ferrari, Lamborghini und Maserati bedenken die Amerikaner mit zwei Jahren, wo es in Deutschland nur eines gibt. Der einzige deutsche Hersteller, der bei einheimischen Käufern nichts kürzt, ist Porsche. Zwei Jahre Garantie und zehn Jahre gegen Durchrostung gibt es hier wie dort kostenlos.

Die Asiaten sind in Sachen Garantie gerechter. Daihatsu, Hyundai, Mazda, Nissan, Subaru und Toyota geben hier wie dort drei Jahre Garantie. Nur die Toyota Nobelmarke Lexus ist in den USA mit vier, in Deutschland mit drei Jahren dabei. Suzuki gewährt in Deutschland ein Jahr Garantie, in den USA drei. Mit den Garantiezusagen der amerikanischen Hersteller verhält es sich ähnlich. Drei Jahre gibt es hüben wie drüben, in Deutschland sind die garantiefähigen Kilometergrenzen sogar etwas höher.

Wenn Sie einen Wagen über den großen Teich nach Deutschland importieren, und es wird weltweite Garantie zugesagt, gelten für dieses Fahrzeug meist die deutschen Garantiezeiten. In der Regel sind die kürzer. Aber wenn ein Auto ein Jahr ohne jegliche Schäden durchhält, ist es durchaus anzunehmen, daß es auch in dem nächsten so sein wird. 97 Prozent aller Mängel und Schwächen offenbaren sich innerhalb des ersten Jahres.

Ein weiterer Punkt: In jedem Fall beginnt die Garantiezeit mit der Übergabe des Fahrzeugs durch den Händler im Ausland, auch wenn Sie das Fahrzeug gegebenenfalls erst später in Empfang nehmen (die Übergabe im Ausland gilt als "in den Verkehr bringen"; dies wurde im sogenannten Ford-Urteil entschieden). Dieser Hinweis ist aber in der Regel nur dann von Bedeutung, wenn Sie das Fahrzeug nicht selbst importieren, sondern bei einem freien Importeur kaufen. Die Garantiezeit könnte im schlimmsten Falle bereits abgelaufen sein, weil das Fahrzeug beispielsweise lange unverkauft stand.

Wichtig ist in jedem Falles ein Punkt: Ihre Garantieurkunde muß ordnungsgemäß ausgefüllt sein und die Übergabeinspektion muß von einem Vertragshändler ausgeführt worden sein.

Begriffe

Landläufig spricht man immer von "Garantie", meint aber oft eigentlich sehr unterschiedliche Dinge. Es gibt drei Begriffe zu diesem Themengebiet, die etwas ähnliches bezeichnen und sich doch klar unterscheiden: Gewährleistung, Herstellergarantie und Kulanz.

Gewährleistung

Wenn Sie einen Kaufvertrag ohne irgendwelche besonderen Vereinbarungen abschließen, dann muß der Verkäufer nach deutschem Recht durch das Bürgerliche Gesetzbuch (BGB) auf jeden Fall sechs Monate lang für Mängel einstehen, die bei der Übergabe bereits vorhanden waren.

Ein Kaufvertrag kommt immer zustande, wenn Sie etwas kaufen, ganz gleich, was Sie kaufen (es muß also nicht unbedingt ein Fahrzeug sein) und wie Sie den Kauf abwickeln. Wenn Sie wortlos dem Zeitungshändler eine Mark geben und sich eine Zeitung nehmen, ist bereits ein Kaufvertrag zustande gekommen. "Ohne besondere Vereinbarungen" soll in diesem Zusammenhang heißen, daß Sie weder einen individuell ausformulierten Vertrag vereinbart haben, noch daß der Verkäufer Allgemeine Geschäftsbedingungen (AGB) hat; falls er sie verwendet, muß er darauf aufmerksam machen, zum Beispiel durch deutlichen einen Aushang seiner AGBs in den Verkaufsräumen, auf seinen Prospekten oder in Verbindung mit dem Kaufvertrag, den Sie unterschreiben. Die AGBs sind im Zusammenhang mit der Gewährleistung insofern von Bedeutung, als sie die gesetzlichen Gewährleistungsansprüche in gewissen Grenzen einschränken oder erweitern können (häufig enthalten die schönen Garantieurkunden, die man mit allen möglichen Geräten ausgeliefert bekommt, erhebliche Einschränkungen gegenüber der gesetzlichen Gewährleistung, auch wenn diese Urkunden eher den Eindruck erwecken sollen, sie gäben dem Kunden zusätzliche Rechte).

Festzuhalten ist folgendes: Die Gewährleistung bezieht sich auf das Vertragsverhältnis mit dem Händler, bei dem Sie Ihr Fahrzeug gekauft haben; daher sagt man hierzu auch oft Werkstattgarantie. Da ein ausländischer Händler für Sie nur schwer ansprechbar ist und er außerdem nicht dem deutschen Recht unterliegt, ist die Durchsetzung des Gewährleistungsanspruchs beim Direktimport schwierig. Sie haben aber noch andere Möglichkeiten.

Herstellergarantie

Gleichrangig neben der Gewährleistung des Händlers steht die Herstellergarantie. Innerhalb Deutschlands hat sie – zumindest innerhalb der ersten sechs Monate – für Kfz-Kunden nur wenig Vorteile, denn sie garantiert nur wenig über die Gewährleistung hinaus. Erst danach wird sie interessant, insbesondere also bei einer möglicherweise vorhandenen Rostschutzgarantie, die wesentlich länger läuft als sechs Monate. Da der Hersteller schlechter zu erreichen ist und auch ein geringeres Interesse an Ihnen hat als Ihr Händler, sollten Sie sich bei Problemen mit einem im Inland gekauften Fahrzeug an Ihren Händler wenden.

Während für die Händlergewährleistung der Kaufvertrag entscheidend ist, ist für die Herstellergarantie wichtig, daß die Garantieurkunde vorschriftsmäßig ausgefüllt ist und daß Sie sich an die dort beschriebenen Pflichten halten (meistens geht es dabei um die Wartung). Sie sollten sich hier peinlich genau an die Vorschriften halten, weil die Hersteller bei direkt importierten Fahrzeugen tendenziell weniger kulant sind und gern nach Hintertüren suchen. Achten Sie auf jeden Fall bei den Inspektionen (auch der Übergabeinspektion) genau darauf, daß Sie einen Stempel von einem autorisierten Vertragshändler in Ihr Wartungsscheckheft erhalten.

Kulanz

Bei der Kulanz handelt es sich – wie der Name schon sagt – nicht um ein einklagbares Recht, sondern um ein freiwilliges Entgegenkommen. Ein Händler, bei dem Sie schon langjähriger Kunde sind, wird Ihnen sicherlich auch noch nach der Garantie- bzw. Gewährleistungsdauer eine Kleinigkeit ersetzen. Bei größeren Schäden, die erst spät auftreten, aber wahrscheinlich auf einen Produktionsfehler zurückzuführen sind, lassen Händler ebenfalls häufig noch nach der Garantiezeit die Reparatur kostenlos oder erheblich verbilligt – also auf Kulanz – vornehmen, wenn das Fahrzeug regelmäßig bei einem Vertragshändler gewartet wurde.

Als Direktimporteur braucht man sich auf Kulanz aber nur wenig Hoffnungen zu machen. Der Hersteller wird tendenziell eine geringe Bereitschaft zeigen, eine Arbeit auf Kulanz zu erledigen. Bei einer Vertragswerkstatt, bei der man langjähriger Kunde geworden ist, hat man vielleicht schon eher eine Chance, und möglicherweise kann dieser den Hersteller überzeugen, daß in einem Einzelfall eine Kulanzleistung von Vorteil wäre.

Nach der Garantiezeit

Die Händler können importierte Fahrzeuge an der Seriennummer erkennen, und einige haben sich zeitweise völlig stur geweigert, auch nur die geringste Reparatur daran vorzunehmen. Aber diese Zeiten haben sich gebessert, wenngleich bei US-Importen ein deutlich größeres Problem besteht als bei EU-Importen; auch hier wird nur mit Wasser gekocht. Es gibt immer einige, die die Marktlücke erkannt haben und sich gerade darauf spezialisieren, hier zu helfen.

Besonders kleinere Werkstätten, die ihr Geld eher mit Reparatur als mit Verkauf verdienen, sind oft sehr hilfsbereit und meist günstiger.Natürlich muß man dort gelegentlich längere Wartezeiten in Kauf nehmen, weil z.B. der einzige Mechaniker in Urlaub ist, und mancher Service – etwa ein Leihwagen – ist auch nicht vorhanden.

Wer bei Reparaturen fast immer hilft, sind Grauimporteure (natürlich nur die seriösen). Sie bilden gewissermaßen ein Gegen-Händlernetz mit teilweise guter Ersatzteilversorgung.

Reparaturkostenversicherung

Eine gute Ausweichlösung gegen mögliche Garantiebeschränkungen besteht darin, eine Garantie zu kaufen. Es gibt Versicherer, die sogenannte Gebrauchtwagen-Garantien anbieten, die natürlich auch für Neufahrzeuge abgeschlossen werden können. Strenggenommen handelt es sich bei dieser Garantie um eine „Reparaturkosten-Versicherung für Kraftwagen". Für den Ernstfall sind also die meisten Schadensfälle gedeckt, wenn auch nicht alle.

Nur Schäden am Zylinderblock, Kurbelgehäuse Zylinderkopf, sowie alle Teile, die mit dem Ölkreislauf in Verbindung stehen, sind versichert. Einfacher ausgedrückt, alle drehenden Teile sind versichert. Ist von vornherein die Ölwanne defekt gewesen und nach einigen Kilometern wegen Ölmangels der Motor kaputt, dann gilt: Pech gehabt – trotz Versicherung. Wem die Zylinderkopfdichtung durchbrennt, hat nur in manchen Fällen Anspruch. Beim Getriebe und Differential sind das Gehäuse mit allen Innenteilen versichert, Kupplung oder Simmerringe nicht. Bei der Lenkung sind das Lenkgetriebe und Hydraulikpumpe mit Innenteilen versichert, bricht ein Gestänge – wieder Pech gehabt. Auch bei den Bremsen sind nur Hauptbremszylinder, Bremskraftverstärker und Hydropneumatik eingeschlossen. Radbremszylinder, Bremszangen- und Scheiben usw. müssen aus eigener Tasche bezahlt werden. Die Kraftstoffanlage ist dafür fast komplett eingeschlossen. Benzinpumpe, elektronische Einspritzanlage und Vergaser können im Schadensfall gemeldet werden. Bei der elektrischen Anlage sieht es wieder recht mager aus: Lichtmaschine mit Regler, elektronische Zündanlage und Anlasser sind enthalten. Wer durch einen Kabelbrand seinen neuen Gebrauchten verliert, dem bleibt nur der Griff ins eigene Portemonnaie.

Der ZDK (Zentralverband Deutsches Kraftfahrzeuggewerbe) hat die Grundlagen entworfen, was versichert ist und was nicht. Diese Punkte wurden bei dem Bundesaufsichtsamt für das Versicherungswesen hinterlegt, wonach sich die Versicherer zu richten haben. Keiner darf weniger als vorgeschrieben anbieten, wohl aber mehr Garantien geben. Als Kunde liegt es also an Ihnen, die verschiedenen Angebote im Hinblick auf das Preis-Leistungs-Verhältnis zu durchleuchten.

Neben den großen Versicherern gibt es noch einige markenungebundene Anbieter, die in ihren Leistungen stark von einander abweichen. Zum einen natürlich im Preis: Viele der versicherten Teile sind nur in Zusatzpaketen mit Zusatztarifen zu erhalten. Aber auch die Garantiebedingungen sind um einiges anders. Einige Firmen verlangen beispielsweise, daß nur eigene Schmierstoffe verwendet werden. Diese Schmierstoffe mit speziellen Additiven sollen den Verbrauch mindern und den Metallabrieb an den beweglichen Motorteilen verringern. Der ZDK ist hinsichtlich dieser Angebote skeptisch.

Technisches

Qualität von Fahrzeugen aus dem Ausland

Oft hört man, Fahrzeuge aus dem Ausland seien schlechter – dies ist aber fast immer falsch. Normalerweise handelt es sich um genau die gleichen Modelle, die auch in Deutschland verkauft werden, häufig stammen sie sogar aus denselben Fabriken. Unterschiede entstehen in der Regel nur durch andere gesetzliche Bestimmungen, manchmal ist auch die Ausstattung etwas anders.

Immer wieder wird behauptet, daß Fahrzeuge wegen der teilweise anderen gesetzlichen Bestimmungen weniger sicher seien als solche, die für den deutschen Markt bestimmt waren. Sofern dies überhaupt zutrifft, sind die Unterschiede normalerweise minimal. Man darf nie vergessen, daß auch die Menschen in anderen Ländern beabsichtigen weiterzuleben und sich nicht auf oder in lebensgefährliche Todesstühle setzen. Darüber hinaus sind die Vorschriften in den USA, was die Sicherheit betrifft, aufgrund der einseitig verbraucherorientierten Auslegung des Produkthaftungsgesetzes weitaus strenger.

Natürlich müssen Fahrzeuge den deutschen Zulassungsvorschriften entsprechen, wenn sie in Deutschland zugelassen werden sollen. Es können Kleinigkeiten sein, die eine Zulassung verhindern – deshalb ist hierauf besonderes Augenmerk zu richten, denn auch der Umbau von Kleinigkeiten kann teuer sein und somit die Importersparnis dahinschwinden lassen. In diesem

Kapitel finden Sie Hinweise zu den "klassischen" Problemen mit Importfahrzeugen.

Wenn es Probleme gibt

Vornweg noch zwei Tips, mit denen Sie eventuell den Kopf aus der Schlinge ziehen können, wenn Sie mit einem in den USA gekauften Fahrzeug in Deutschland stehen und sich erst dann herausstellt, daß es nur mit einer sehr teuren Umrüstung zugelassen werden könnte:

Die Ausführungsbestimmungen unterscheiden sich teilweise zwischen den einzelnen Bundesländern erheblich. Falls daher ein technisches Merkmal der Zulassung in einem Land entgegensteht, ist immer noch denkbar, daß es in einem anderen Bundesland zugelassen werden könnte; manchmal ist es sogar von TÜV zu TÜV unterschiedlich. Ist die Abnahme aber erst einmal geschehen, so wird das Fahrzeug normalerweise auch in jedem anderen Bundesland akzeptiert. Daher besteht die Möglichkeit, es für einen Tag in dem einen Land zuzulassen und dann sofort umzumelden. Die Person, auf die Sie im anderen Land zulassen, könnten Sie zum Beispiel per Annonce suchen (Studenten werden sich sicherlich auf diese Weise etwas Geld verdienen wollen). Diese Methode ist allerdings nicht nur mit viel Arbeit verbunden, es bedeutet auch, daß Sie im Fahrzeugbrief nur als Zweitbesitzer eingetragen werden. Für einen Neuwagen stellt das einen nicht unerheblichen Wertverlust dar. Auch versicherungstechnisch ist dieses Vorgehen problematisch, im Falle eines Versicherungsschadens gelten für Fahrzeuge aus zweiter Hand niedrige Erstattungssätze.

Wenn alle Stricke reißen, gehen Sie zu einem Profi-Direktimporteur. Der kann oft noch helfen, natürlich gegen Bezahlung, Adressen finden Sie im Anhang.

Umrüstung

Importierte Fahrzeuge aus den USA haben ein wenig andere **Scheinwerfer** als europäische Fahrzeuge. Im Grunde ist das Unsinn, denn die Lichtwirkung ist den deutschen ähnlich. Die Blendphänomäne, wie bei den DE-Scheinwerfern (DE = Doppel Ellipsoid) treten bei US-Scheinwerfern nicht auf. Die sogenannten *Sealed Beam* haben die 91er und 92er Modelle nicht mehr. Dennoch werden DOT- oder SAE-Scheinwerfer hier nicht anerkannt, weil das Licht nicht asymmetrisch ist. Die Scheinwerfer müssen der ECE-Norm entsprechen. Es muß also auf dem Scheinwerfer ein "E" in einem Kreis plus einer Zahl (1-16) vermerkt sein. Die Ziffern 1-16 stehen für eines der europäischen Länder, in der die Lampen geprüft wurden. Die Hell-Dunkel-Grenze ist bei den US-Scheinwerfern recht gut ausgeprägt, Gutachten haben das bereits bewiesen. Ein lichttechnisches Gutachten kostet zwischen einigen Hundert bis zu 2.500 Mark. In diesem Gutachten wird die In-Etwawirkung nachgewiesen, d.h. daß die US-Scheinwerfer in etwa denen der bei uns geforderten entsprechen. Sollten keine europäischen Scheinwerfer erhältlich sein, was selten vorkommt, wird das Gutachten benötigt.

Im günstigsten Fall kosten die deutschen Scheinwerfer 35 Mark pro Stück, im ungünstigsten 2.500 Mark. Am besten erkundigen Sie sich vorher nach den Preisen. Bemühen Sie zuerst den Zubehörhandel. Der Vertragshandel reagiert sauer auf Grauimporte, dem Zubehörhandel ist es egal, er will verkaufen.

Dann muß auf jeden Fall die **Elektrik** umgeschlossen werden. Bei den US-Fahrzeugen brennen bei Licht die Blinker dauernd.

Dies ersetzt in den USA das Standlicht. Das sieht der TÜV nicht gern. Diesen Anschluß verlagern Sie daher einfach an die Standlichtbirnen.

Sie kommen nicht daran vorbei, ein **Typenschild** (eine Art Mini-Datenblatt vom Hersteller) anfertigen zu lassen und es an den oberen Rand der Frontmaske (Stahlgerüst vorne am Fahrzeug) im Motorraum zu befestigen. Dieses bekommen Sie bei vielen Gravurfirmen oder Stempelherstellern, die Ihnen auch gleich die Daten einschlagen. In den meisten Fällen tut es auch das aufklebbare Motorradtypenschild, das Sie selbst mit einer Schreibmaschine gravieren können. Gern sieht der TÜV es nicht, weil die Daten "Achslast vorn/hinten" fehlen. Meist klappt es aber.

Wenn sich eine **Anhängerkupplung** am Importfahrzeug befindet, muß sie abmontiert werden. Sie hat für die Benutzung auf deutschen Straßen keine Betriebserlaubnis. Fast immer müssen hinten zwei rote Reflektoren angebracht werden.

Zulassungsrelevante Merkmale für Automobile

Achten Sie auf folgende Details:

- Achsen ohne deutsche ABE
- Abgasgutachten vorhanden
- Abschleppösen hinten
- Blinker blinkt bei eingeschaltetem Licht
- Dreipunktgurte hinten (kein Muß)
- Felgen und Reifen ohne deutsche ABE
- Katalysator
- Kilometer-Skalierung auf Meilentachos

- Kontrolleuchten (fehlen oder falsche Farben)
- Kopfstützen vorn
- Motoren ohne deutsche ABE
- Nebelschlußleuchte
- Leuchtweitenregulierung
- Reifen ohne entsprechende Höchstgeschwindigkeitzulassung
- Reserverad nur einfach gesichert, nicht doppelt (für Vans und Geländewagen)
- Scheinwerfer
- Seitenleuchten am Kotflügel hinten
- Umbauten ohne ABE
- Vergaser ohne deutsche ABE

Falls die genannten Teile nicht in der Grundausstattung enthalten sind, erkundigen Sie sich, ob und wenn ja, zu welchem Preis, sie gegen Aufpreis erhältlich sind (die Übersetzungen der wichtigsten Ausrücke ins Englische finden Sie in der Vokabelliste im Anhang).

Zulassungsrelevante Merkmale für Motorräder

Auch bei Motorrädern gibt es einige Punkte, die sich in der Vergangenheit als kritisch für den Import erwiesen haben; achten Sie daher auf die folgenden Ausstattungsmerkmale:

- Abgasgutachten vorhanden
- Auspuff ohne ABE
- Geräuschgutachten vorhanden
- Lenkradschloß

- Reifen ohne entsprechende Höchstgeschwindigkeitzulassung
- Reifen-Profil und -Querschnitt ohne ABE
- Schutzbleche von ausreichender Länge
- Selbsteinklappender, doppelt gesicherter Seitenständer
- Scheinwerfer
- Umbauten
- Verkleidung ohne ABE

Umgebaute Fahrzeuge

Umbauten können dem Direktimporteur einiges Kopfzerbrechen bereiten. Wie bekommen Sie eine Corvette mit Sidepipes oder den importierten Landcruiser mit Tiefbettfelgen über den TÜV? Wie reagiert der TÜV-Prüfer auf Sportluftfilter und monströse Vierfachvergaser, die dem Trans Am erst den richtigen Sound geben? Er wird bedauernd abwinken und auf ein Gutachten bestehen.

Nun ist guter Rat teuer, im wahrsten Sinne des Wortes. Eine neue Vergaseranlage kostet einige tausend Mark. Wer die nicht ausgeben will, muß ein Gutachten beschaffen. Für US-Teile liegt üblicherweise keine allgemeine Betriebserlaubnis (ABE) vor. Also müssen Einzelgutachten (EBE) angefertigt werden. Dieses Unterfangen kann beim TÜV sehr lange dauern und kostspielig werden. Also immer vorher fragen. Vergaser sind nun mal ein eigenes Gebiet für sich.

Das gleiche gilt übrigens für Reifen/Felgen-Kombinationen, Einspritzanlagen, Luftfilter, Auspuffanlagen sowie Höher- oder Tieferlegungssätze. Wenden Sie sich an die Firmen, die solche Autoteile herstellen oder vertreiben oder umrüsten. Für alle von diesen Firmen verkaufte Teile besteht ein Gutachten, die TÜV-Hürden können demnach problemlos genommen werden. Teile, die bereits eingebaut sind, aber kein Gutachten haben, können von den Teilefirmen das begehrte Prüfzeichen häufig bekommen. Solche Gutachten sind allerdings sehr aufwendig und damit unter Umständen teuer. Mit ziemicher Sicherheit wird der Preis für dieses Gutachten aber immer noch niedriger ausfallen als vollkommen neue Teile zu kaufen. Wenden Sie sich an die Firmen Pinno Spezial, Firma Geiger oder Firma ASP (Adressen im Anhang). Dort kann Ihnen meist geholfen werden.

Eventuell brauchen Sie noch einige andere Ausnahmegenehmigungen. Sind die Rücklichter nicht bauartgenehmigt, aber keine mit deutscher ABE erhältlich, kann eine Ausnahmegenehmigung erteilt werden. Manchmal sind die Kontrolleuchten im Innenraum andersfarbig, beispielsweise ist die Fernlichtkontrolle beim Rabbit Cabrio grün. Dafür ist ebenfalls eine Ausnahmegenehmigung erforderlich. Da aber hier auch jeder Regierungsbezirk wieder eigene Regeln festlegt, ist es nicht möglich, allgemeingültige Aussagen zu machen.

Custom Made

Achtung bei Custom Made, Hot Rods und gechoppten Wagen. Wenn es keine originalen Vergaseranlagen, Alufelgen, Auspuffsysteme oder Aggregate sind, kann deutsche TÜV ein Veto einlegen. Problematisch sind außerdem Liftkits und Supercharger. In Deutschland ist eine ABE (Allgemeine Betriebserlaubnis) oder EBE (Einzelbetriebserlaubnis) zwingend vorgeschrieben. Customparts aus den USA haben diese nicht. Kein Risiko geht ein, wer drüben ein Originalfahrzeug kauft und hier mit ABE-Teilen umbaut.

Oldtimer

Dieses Problem stellt sich nicht, wenn Sie einen Oldtimer importieren, der älter als zwanzig Jahre ist und sich im Originalzustand befindet. Eine solches Fahrzeug kann auf einer sogenannten Roten Nummer für Oldtimer zugelassen werden.

Im Oktober 1995 war der große Tag für alle Oldieliebhaber. Die Oldtimer-Verordnung trat in Kraft. Danach dürfen Oldieliebhaber die Rote Nummer ständig an ihrem Schnauferl befestigen, die Nummer darf sogar für mehrere Fahrzeuge eines Besitzers genutzt werden. Das Rote Dauerkennzeichen gilt für alle Fahrzeuge, die älter als zwanzig Jahre sind und in Serie gebaut worden sind. Maßgeblich ist hierbei die Einschätzung der DEUVET (Bundesverband Deutscher Motorveteranen-Clubs), ob das Fahrzeug als „erhaltenswert“ eingestuft wird. Auf jeden Fall sollten Sie vor dem Kauf beim zuständigen Finanzamt nachfragen, ob Ihr Wunschfahrzeug die Oldtimer-zulassung erhält.

Die Kosten für die Zulassung betragen ca. 160 Mark, Kennzeichen etwa 70 Mark, die Steuer 375 Mark pro Jahr. Die Steuer entfällt allerdings neuerdings durch eine Lücke in der Steuergesetzgebung. Das Finanzamt arbeitet aber schon daran, dieses Geld doch zu kassieren. Wie sollte es auch anders sein?

Oldiefahrer beantragen das Dauerkennzeichen bei der zuständigen Zulassungsstelle. Für die Genehmigung sind auf jeden Fall ein Führungszeugnis vom Bundesszentralregister in Berlin und ein Auszug aus dem Verkehrszentralregister in Flensburg nötig. Beides darf nicht älter als einen Monat sein.

Die Versicherung gestaltet sich recht einfach: Ob ein oder zehn Oldies, die Rote Nummer kostet pauschal 748 Mark pro Jahr. Die Versicherer sind zur Zeit die Albingia, die HDI, der Gerling Konzern und die Württembergische Versicherung. Alle geben die Angelegenheit zur Bearbeitung an einen Oldieversicherungsprofi ab. Wer sich darüber informieren möchte, wendet sich einfach an die Oldie Car Cover (Adresse im Anhang).

Es könnte alles einfach sein. Ist es aber nicht, denn ob das Kennzeichen erteilt wird, liegt im Ermessen des Zulassungsstellenleiters. Während beispielsweise für den einen acht Punkte in Flensburg kein Grund zur Absage sind, verweigert ein anderer das Oldiekennzeichen bereits bei drei Punkten. Andere Zulassungsstellen verlangen, alle möglichen Papiere vorzulegen. In Niedersachsen werden Einladungen zu Oldtimerveranstaltungen verlangt, um den Bedarf nachzuweisen oder in Nordrhein Westfalen eine TÜV-Prüfung.

Zurück zur Umrüstung: Am besten erkundigen Sie sich vor dem Import nach den umzurüstenden Teilen. Ist der Wagen schon da, müssen Sie ins kalte Wasser springen. Aber mit den oben angegebenen Lösungsmöglichkeiten bekommen Sie Ihr Fahrzeug auf jeden Fall zugelassen und die Kosten werden sich zumindest in Grenzen halten.

Leuchtweitenregulierung

Problematisch kann die Umrüstung werden, wenn die Rede auf das leidige Thema "Leuchtweitenregulierung" kommt. US-Fahrzeuge verfügen über keine Leuchtweitenregulierung, in Deutschland ist sie zwingend vorgeschrieben. Um teure Umrüstaktionen zu vermeiden, benötigen Sie eine Ausnahmegenehmigung. Mittlerweile erteilen alle Landesregierungen dieses Dokument gegen eine Gebühr in Höhe von DM 50,- bis DM 250,-.

In der Vergangenheit herrschte folgende Situation. Die Länder konnten eine Ausnahmegenehmigung erteilen. Manche taten es, manche nicht. Die Angelegenheit wurde also von Bundesland zu Bundesland unterschiedlich gehandhabt. Auf Bundesebene existierte nämlich lediglich eine Empfehlung, die je nach Dienstoberstem so oder so ausgelegt werden konnte. Innerhalb der einzelnen Bundesländer entschieden die zuständigen Beamten je nach Ermessen auch wieder von Regierungsbezirk zu Regierungsbezirk anders, wie beispielsweise in Baden-Württemberg. Ob Sie letztendlich eine Ausnahmegenehmigung für die Zulassung ohne Leuchtweitenregulierung bekamen, konnte durchaus von TÜV zu TÜV verschieden sein. Auch innerhalb einer TÜV-Stelle hatten die Prüfer einen gewissen Ermessensspielraum. Ein Prüfer konnte also anders entscheiden als der nächste. Die Frage war, was zumutbar war und was nicht, und das entschied bis zu einem gewissen Grad der TÜV-Prüfer selbst.

Von Zeit zu Zeit tagt der Bund-Länder-Fachausschuß, was für die Bestimmungen zur Leuchtweitenregulierung massive Änderungen bedeuten kann. Es ist demnach ratsam, sich vor dem Import nach der Ausnahmegenehmigung zu erkundigen. Wenn Sie das Fahrzeug schon gekauft haben und dann keine Ausnahmegenehmigung erhalten, dann kann es sehr teuer werden. Aus der Aufstellung im Anhang können Sie die in den einzelnen Bundesländern zuständige Behörde mit der dazugehörigen Telefon-Nummer entnehmen. Angegeben sind jeweils auch die Sachbearbeiter, soweit sie von uns ermittelt werden konnten.

Datenblatt

Unabdingbar für die Vollabnahme beim TÜV ist das Datenblatt. Dies ist ein Dokument, auf dem alle technischen Daten eines Fahrzeugs inklusive der Abgaswerte verzeichnet sind. Die Beschaffung eines Datenblattes kann mitunter Schwierigkeiten bereiten, denn nicht alle Werke und Importzentren verschicken auf Anfrage ein Datenblatt.

Bei Alfa, Daihatsu, Ford, Hyundai, Jaguar, Mercedes, Mitsubishi, Saab, Toyota und VW werden Sie nicht vergebens bitten, das Datenblatt wird innerhalb eines Zeitraumes von einigen Tagen bis vier Wochen kostenlos zugeschickt. Bei Audi, BMW, Chrysler, General Motors, Honda, Nissan, Porsche, Rover, Subaru, Toyota und Volvo wird Ihnen ein Betrag in Höhe von DM 100 bis 600 in Rechnung gestellt, während bei Mazda und Suzuki grundsätzlich kein Datenblatt verschickt wird.

Gibt es das Fahrzeug nicht in Europa in baugleicher Ausführung, sollten Sie vorsichtshalber vorher noch einmal nachfragen. Die Kosten können durch Fax- und Telefonkontakt nach Japan oder USA erheblich höher ausfallen.

Es gibt jedoch verschiedene Möglichkeiten, an das begehrte Papier zu kommen, wenn das Werk oder das Importzentrum die Herausgabe verweigert oder das Datenblatt dort zu teuer kommt.

Bei den gängigsten Fahrzeugen ist es wahrscheinlich, daß der TÜV das Datenblatt vorliegen hat. Holen Sie sich einen ganz normalen Passat aus den USA, sollte das Datenblatt beim TÜV vor Ort vorliegen. Bei weniger gängigen Fahrzeugen kommt es auf Ihren Prüfer an. Er hat durchaus die Möglichkeit, sich bei anderen TÜV-Stellen durchzufragen, manche sind jedoch wenig kooperativ und verlangen von Ihnen, das Datenblatt selbst beizubringen.

Eine Ausweichmöglichkeit wäre, sich an professionelle Umrüster zu wenden. Natürlich sind diese Firmen in erster Linie an der gesamten Umrüstung interessiert. Wenn er Ihnen nur das Datenblatt gibt, wird es meist teuer.

Einige Firmen haben sich auf die Beschaffung von Importpapieren spezialisiert. Diese finden Sie im Anzeigenteil der Autozeitungen. Bei denen werden Sie mit Sicherheit die Daten bekommen. Allein für das Datenblatt müssen Sie dann je nach Firma zwischen 250 und 680 Mark bezahlen. Nicht gerade billig, aber immerhin, die Zulassung kann nun gemacht werden.

Eventuell können Sie beim Kauf in den USA ein Datenblatt (*data sheet*) gleich mitbekommen. Die Situation drüben ist aber ähnlich wie in Deutschland. Die Herstellerwerke behalten das gefragte Stück Papier lieber für sich. Sie können es jedoch persönlich gegen Zahlung von ein paar Dollar bei der EPA (*enviromental protection agency*), der amerikanischen Umweltbehörde, abholen. Das Datenblatt kann allerdings nur persönlich abgeholt werden und würde daher eine Reise nach Washington, DC notwendig machen. Hinzu käme, daß Sie vom Datenblatt zu Hause eine beglaubigte Übersetzung anfertigen lassen müßten. Alles in allem also doch ziemlich umständlich.

Die günstigste und sicherste Art, an das Datenblatt zu kommen, ist, sich an den TÜV Mannheim, Herrn Kuno Keth, zu wenden. Seine Anschrift ist im Anhang verzeichnet. Herr Keth ist der Datenblattprofi in Deutschland. Seit 25 Jahren tut er nichts anderes, als Datenblätter zu sammeln. Wenn Sie hier nicht fündig werden, werden Sie es wohl nirgends. Die Vorgehensweise ist recht einfach. Sie teilen Herrn Keth die notwendigen Daten schriftlich oder per Fax mit, einige Tage später erhalten Sie das Datenblatt dann per Post und gegen Rechnung zugesandt. Herr Keth benötigt:

- eine Kopie des ausländischen Originalbriefes. Marke, Modell und Fahrgestellnummer müssen darauf ersichtlich sein.
- die Angabe, ob das Fahrzeug offen oder geschlossen ist

- die Angabe über das zulässige Gesamtgewicht (wenn möglich).
- die Achslast vorn und hinten. (Bei fast allen US-Fahrzeugen sind diese Angaben auf einem Aufkleber an der B-Säule Fahrerseite zu finden.)

Das Datenblatt vom TÜV Mannheim kostet Sie je nach Aufwand zwischen 250 und 480 Mark inklusive Abgas- und Geräuschgutachten. Also, schnell, günstig und zuverlässig.

Katalysator, Abgas- und Geräuschgutachten

Seit dem 1.1.1993 hat die Bundesregierung die Abgasgesetzgebung und die Prüfverfahren verschärft. Es galt die sogenannte 91/441 EWG. Wegen der verschärften Gesetzgebung allein ergaben sich keine Probleme bei der Zulassung, denn 99 Prozent aller Fahrzeuge mit geregeltem Katalysator aus den USA, auch die Geländewagen, halten die Werte ein.

Problematisch wird es erst, wenn Sie einen Abgastest fahren müssen. Unter anderem muß ein sogenannter Shed-Test (*Sealed House Emission Determination* = Verdunstungstest in geschlossenen Räumen) durchgeführt werden. Dabei handelt es sich um die Feststellung der Verdunstung der Benzingase. Der Tank wird mit 40 Prozent Kraftstoff gefüllt. Einer der vier Prüfzyklen beinhaltet, daß eine Heizmatte unter den Tank gelegt wird und dann der Ausstoß des Kohlenwasserstoffes gemessen wird. Im TÜV-Jargon heißt dieser Test Typ vier.

Das Testverfahren Typ eins ist die Messung des Schadstoffausstoßes bei 120 km/h Geschwindigkeit. In den USA werden nur 55 Meilen (88 km/h) gemessen. Aus diesem Grunde wird der Test nachgefordert.

Der Test Typ zwei umfaßt einen Leerlaufmessungstest. Das gilt allerdings nur für Otto-Motoren.

Der Test Typ drei mißt die Kurbelgehäuseentlüftung.

Last not least wird noch Typ fünf geprüft. Das bedeutet einen Dauerfahrtest, ob nach 50.000 Meilen (80.000 Kilometer) der Katalysator noch funktionsfähig ist. Diese 80.000 Kilometer werden allerdings nicht wirklich gefahren. Es werden nur auf dem Prüfstand einige Kilometer "gefahren", dann wird hochgerechnet.

Mittlerweile gilt eine neue Abgasverordnung seit dem 1.10.1996. Diese ist landläufig als die Euro II - Norm bekannt, korrekt lautet sie 94/12 EWG. Nun ist aber noch ein zusätzliches Gutachten zu dieser Abgasregelung nötig und zwar ein Geräuschgutachten, das nur bis 76 Dezibel erlaubt. Bis Ende 1996 wird zwar noch die 93/59 EWG akzeptiert, aber nur in Verbindung mit dem Geräuschgutachten. Also müssen ab dem 1.1.1997 beide Gutachten für ein Importfahrzeug besorgt werden.

Für Fahrzeuge, die als baugleiches Modell in Europa bereits zugelassen wurden, existiert zwar ein Abgasgutachten, allerdings können kleine Veränderungen bei der Übersetzung, der Einspritzpumpe, beim Getriebe und so weiter dazu führen, daß das vorliegende Abgasgutachten nicht anerkannt wird. Das bedeutet, es muß ein Gutachten gefahren werden. Üblicherweise fallen dafür zwischen 5000 und 8000 Mark pro Prüfzyklus an. Meist ist die Ersparnis damit verbraucht.

Der TÜV Mannheim hat jedoch ein Einsehen mit dem Importeur. Dort können Sie für alle gängigen Fahrzeuge für nur 480 (!) Mark das Abgas- und Geräuschgutachten anfertigen lassen. Das ist ein enormer Preisunterschied. Natürlich können Sie das Abgas- und Geräuschgutachten gleich zusammen mit dem Datenblatt bestellen. Und noch zwei weitere gute Nachrichten:

Erstens, ganz wenige Fahrzeuge würden den Prüfzyklus nicht bestehen. Zweitens, für viele gängigen PKW, Vans und Light Duty Trucks existieren bereits diese Gutachten und es kommen täglich neue hinzu.

Möglich gemacht wurde dieser außergewöhnliche Service für US-Fahrzeugliebhaber durch den persönlichen Einsatz von Kuno Keth. In seiner Eigenschaft als Leiter der Homologationsabteilung des TÜVs Südwest in Mannheim wurde er im Verlauf seiner Arbeit zum Profi. Im Gegensatz zu anderen Angestellten in Schlüsselstellungen nutzt er diese Position nicht, um private und gewerbliche Importeure zu stoppen, wie es in deutschen Amtsstuben allgemein üblich ist, sondern um zu helfen.

Natürlich wurde von anderen TÜVs dieser Service boykottiert, denn warum soll man nicht mehr kassieren, wenn es geht. Wer Geld sparen will, soll also erst mal kräftig zahlen, und zwar in die Kassen des TÜVs. Abgasprüfstellen verlangen, wie bereits erwähnt, für exakt das gleiche Gutachten zwischen 5000 und 8000 Mark. Diese hohen Gebühren werden mit hohen Investitionen gerechtfertigt. Die hatte die Abgasprüfstelle des TÜVs Südwest in Böblingen auch, und verlangen trotzdem nur 250 Mark für ein einzeln durchgeführtes Gutachten. Die Gutachten, die in Böblingen gefahren werden und auch in Mannheim verkauft werden, sind in ganz Europa anerkannt. Nun hatte der TÜV Rheinland eine lukrative Idee: Die Abgasgutachten von Herrn Keth werden von den Prüfern einfach nicht mehr anerkannt. Diese müssen an der eigenen Abgasprüfstelle für teures Geld wiederholt werden. Statt 250 Mark sollen 5000 bis 8000 Mark bezahlt werden. Hier also sitzen die modernen Raubritter.

Ein weiteres Beispiel: Seit vielen Jahren waren die technischen Daten auf dem Datenblatt von Herrn Keth für die Zulassung von US-Fahrzeugen ausreichend gewesen. Jetzt hatte der TÜV Bayern eine gute Idee, um die eigenen Taschen auf Kosten der Verbraucher zu füllen. Die Bremsen der US-Fahrzeuge sind nicht nach ECE-Norm geprüft. Die amerikanischen Prüfrichtlinien sind zwar viel strenger als unsere, trotzdem muß laut TÜV Bayern jedes importierte Fahrzeug für 750 Mark auf den Rollenstand. Aber damit nicht genug, nun liegen die Bremswerte ja nach ECE-Norm vor. Das hindert den TÜV Bayern nicht, beim nächsten Kunden mit dem gleichen Fahrzeug erneut die Prüfung zum vollen Preis zu verlangen. So werden auf Kosten der deutschen Importeure Geschäfte gemacht.

Zusammenfassend läßt sich sagen, daß Sie sich bezüglich des Abgasgutachtens bis auf weiteres an folgender Regel orientieren können: Fahrzeuge, die auch in Deutschland als baugleiches Modell im Vertragshandel vertrieben werden, können weiterhin, wie in diesem Buch beschrieben, nach Deutschland eingeführt und zugelassen werden. Fahrzeuge, die in Deutschland nicht als baugleiches Modell vertrieben werden, benötigen ein neues Abgasgutachten.

Sollte kein Gutachten vorliegen, kann es bei der Abgasprüfstelle des TÜVs Südwest in Böblingen nach Rücksprache mit Herrn Keth für circa 250 Mark gefahren werden. Einziger Nachteil: Es muß vor Ort in Böblingen gemacht werden und dauert zwei bis drei Tage. Aber das ist immer noch besser als bei anderen Abgasprüfstellen in Deutschland, denn dort sind die Gebühren für ein Gutachten, wie bereits ausgeführt, um ein Vielfaches höher.

Wer also aus den USA importieren will, macht es so: Zuerst die Fahrgestellnummer besorgen, weil bei US-Fahrzeugen darin die Motorkennbuchstaben verschlüsselt sind. Fragen Sie Herrn Keth vom TÜV Mannheim am besten vorher, ob dieses Auto ein Abgasgutachten hat. Wenn ja, kaufen. Wenn nein, nach Böblingen fahren. Eine Lösung zu günstigen Preisen gibt es also (fast) immer.

Unbedenklichkeitsbescheinigungen

Da Unbedenklichkeitsbescheinigungen von allen Importpapieren die längste Lieferzeit haben, kümmern Sie sich darum naturgemäß zuerst. Das geht allerdings nur, wenn Sie bereits die Fahrgestellnummer wissen.

Unbedenklichkeitsbescheinigung vom KBA

Eine Unbedenklichkeitsbescheinigung vom KBA besagt, daß das Fahrzeug in den letzten fünf Jahren in Deutschland nicht angemeldet gewesen ist und nicht als gestohlen gemeldet wurde. Manche Zulassungsstellen verlangen dieses Dokument grundsätzlich, manche nur bei Gebrauchtfahrzeugen. Die Lieferzeit beträgt etwa eine Woche und kostet 26,- Mark inklusive Nachnahmegebühr.

Unbedenklichkeitsbescheinigung vom Herstellerwerk

Neben diversen anderen Importpapieren verlangen viele Zulassungsstellen für die Zulassung eines importierten Fahrzeuges zusätzlich eine sogenannte Herstellerbescheinigung, auch Hersteller-Unbedenklichkeitsbescheinigung genannt. Mit diesem Schriftstück sollen Hersteller deutscher Fahrzeuge dem Importeur bescheinigen, daß das importierte Fahrzeug vom Werk nicht mit deutschem Fz-Brief ausgeliefert wurde. Normalerweise liefern die Werke die Fahrzeuge gleich mit Brief aus. Ist das Fahrzeug jedoch für den Export bestimmt, stellt das Werk keinen Brief aus.

Wird nun ein exportiertes Fahrzeug wieder nach Deutschland zurückgeholt (reimportiert), muß sich der Importeur vom Hersteller bestätigen lassen, daß es bei der Auslieferung keinen deutschem Fz-Brief für dieses Fahrzeug gab.

Worin liegt der tiefere Sinn? Seit Jahren werden deutsche Fahrzeug ins Ausland verkauft. Für einige Länder (Nahost, Japan) wird bei der Zulassung der deutsche Fahrzeugbrief nicht benötigt, das Ursprungszeugnis reicht. Nun wäre es theoretisch möglich, daß ein unehrlicher Exporteur die Fz-Briefe für finstere Zwecke benutzt, beispielsweise mit diesen Briefen gestohlene Fahrzeuge mit Papieren ausstattet.

Bei Gebrauchten ist also zumindest ansatzweise ein Sinn zu erkennen, jedoch ist es in der Praxis so gut wie nie vorgekommen, daß die Herstellerbescheinigung auf die Spur eines gestohlenen Fahrzeuges geführt hätte. Und selbst wenn, dann trifft der Arm des Gesetzes mit gewohnter Treffsicherheit wieder mal den Falschen, denn der Importeur des gebrauchten Fahrzeugs kann von diesen Machenschaften unmöglich wissen. Bei Neufahrzeugen ist die Bescheinigung schlichtweg unsinnig. Wer würde ein Auto in Deutschland teuer einkaufen, im Ausland preiswerter verkaufen, damit es dann reimportiert werden kann? Sehr unwahrscheinlich.

Aber deutsche Beamte denken da anders. Daher muß die Bescheinigung her, auch wenn deren Beschaffung den Importeur Zeit und Geld kostet. Glücklicherweise sind noch nicht alle Zulassungsbeamten von dieser fixen Idee besessen.

Bisher war die Beschaffung dieser Bescheinigung kostenlos, aber nun nahmen die Reimporte zu. Damit sind die Hersteller nicht sehr glücklich, dennoch sind sie verpflichtet, diese Bescheinigung auszustellen. Aber nun wird Geld verlangt. Zwischen 50 bis 180 Mark kostet das kleine Stückchen Papier, das heutzutage jeder Computer innerhalb von Sekunden ausstellt. Nur bei Ford, Mercedes und Porsche wird die Bescheinigung noch kostenlos geliefert. Der Importeur muß in jedem Fall ein bis zwei Wochen darauf warten, in der Zwischenzeit gibt es keine Zulassung.

Verschiffung und Überführung

Die Überführung innerhalb der USA

Nachdem der Kauf ist unter Dach und Fach ist, steht die Verschiffung an. Zunächst muß das Auto von dem Ort des Kaufes zum Hafen angeliefert werden. Dazu gibt es mehrere Möglichkeiten.

1) Sie lassen sich von dem Händler eine vorläufige Zulassung (*temporary registration, tag, weaver*) aushändigen. Achten Sie darauf, daß Sie eine US-Kfz-Haftpflicht haben (siehe Kapitel „US-Kfz-Versicherung", Seite 106). Ohne die können Sie in ernste Schwierigkeiten kommen.
2) Sie schließen bei der Preisverhandlung den Transport zum Hafen gleich mit ein. Dann sorgt der Händler für den Transport.
3) Sie beauftragen eine Transportfirma, Ihnen das Fahrzeug zum Hafen zu bringen. Die Kosten halten sich ziemlich in Grenzen. Wir zahlten für 500 Meilen 245 Dollar.
4) Sie lassen sich von dem Händler eine vorläufige Zulassung geben und bitten einen Amerikaner, der eine gültige US-Kfz-Haftpflicht hat, Ihnen den Wagen zum Hafen fahren.

US-Kfz-Versicherung

In den Vereinigten Staaten wird die Kfz-Versicherung nicht wie bei uns auf das Fahrzeug abgeschlossen, sondern auf den Fahrer. Nur wer eine Kfz-Haftpflicht (*liability insurance*) auf seinen Namen abgeschlossen hat, darf mit einem Wagen fahren, es sei denn, es ist ein Mietwagen. Die haben einen besonderen Haftpflicht-Status. Wenn Sie sich also von einem Freund drüben das Auto ausleihen, ohne eine amerikanische Versicherungspolice zu haben, wird es nach einem Unfall unweigerlich recht großen Ärger geben. Entsprechend der amerikanischen Mentalität und je nach Schwere des Unfalls kann Ihnen das unter Umständen mindestens eine Nacht im Gefängnis bescheren. Erschwerend kommt hinzu, daß die Schadenssummen mitunter horrende Größenordnungen erreichen, weil die Anwaltkosten und Schmerzensgeldforderungen oftmals schwindelerregende Beträge annehmen.

Aus diesem Grund sind amerikanische Versicherungsgesellschaften auch nicht übermäßig begeistert über einen ihnen unbekannten Kunden, besonders wenn er aus dem Ausland stammt. Zudem behalten sie sich fast immer eine Frist von mindestens vier Wochen bis zum ersten Schadensfall vor (ähnlich wie z.B. eine Krankenhauszusatzversicherung bei uns), so daß dieser Art der Versicherung für die Überführung eines Fahrzeugs in den USA ungeeignet ist.

Sie können allerdings schon vor Reiseantritt hier in Deutschland eine Kfz-Versicherung für die USA abschließen. Wenn Sie also ein Auto drüben kaufen wollen und es schon als Urlaubsauto nutzen wollen, gibt es eine recht einfache Lösung: Sie lassen sich von der Firma Tour Insure, Hamburg eine Blankoversicherung aushändigen (Adresse im Adreßverzeichnis). Haben Sie in den USA nun Ihr Wunschauto gefunden, tragen Sie einfach alle Daten des Fahrzeugs dort ein und senden es zum angegebenen Versicherungsagenten innerhalb der USA. Mehr ist nicht nötig. Sie brauchen keinen amerikanischen Führerschein, keine amerikanische Adresse oder sonst irgend etwas.

Wenn Sie diese Versicherungsbestätigung haben und von einem Händler oder dem zuständigen DMV (Department of Motor Vehicles = Verkehrsministerium) eine vorläufige Zulassung (*temporary registration, weaver, tag*) haben, kann die Reise losgehen. Jeder Händler hat sie zu Hauf herumliegen und gibt sie kostenlos beim Kauf eines Autos heraus. Sie können auch beim DMV zulassen, dann werden allerdings die amerikanischen Steuern fällig.

Verschiffen

Nun kommt die Seefracht. Als erstes müssen Sie eine geeignete Reederei oder einen Agenten finden. Das ist kein großes Problem, denn in fast allen Autozeitschriften finden Sie Anzeigen von Firmen, die Verschiffungen anbieten. Eine andere Quelle für Adressen von Speditionen, auch von spezialisierten, ist der Bundesverband Spedition und Lagerei e.V. (Adresse im Anhang). Allerdings ist die Auswahl nicht leicht, denn auch wenn es große Firmen sind, werden sie Ihnen wahrscheinlich unbekannt sein. Grundsätzlich ist leider nicht zu sagen, welche Gesellschaft die beste und zuverlässigste ist. Es kann immer mal etwas passieren, auch bei den besten.

Deshalb unser Tip: Suchen Sie sich vor der Abfahrt in die USA einen deutschen Verschiffer. Lassen Sie sich die Namen und Telefonnummern der angeschlossenen Agenten an Ihrem Zielort geben. Das hat den Vorteil, daß wenn etwas passiert, es nach deutschem Recht ausgefochten wird – der Klageweg nach Amerika ist weit.

Bei der Verschiffung sollten Sie darauf achten, daß möglichst ro-ro (*roll-on / roll-off*) verschifft wird, weil die Schadenshäufigkeit bei Containerverschiffung um 80 Prozent höher liegt. Es sei denn, Sie mieten sich einen eigenen Container und stapeln die Fahrzeuge nicht übereinander. Das ist kein Witz: Auf diese Weise werden bis zu vier Autos in einen 40 Fuß-Container gestopft. Dazu wird auch schon mal die Luft aus den Reifen gelassen, damit es paßt.

Versicherungen

Bei Verschiffung sollte eine **Seefrachtversicherung** immer dabei sein. Bei Gebrauchten wird meist eine Selbstbeteiligung von 500 Mark verlangt. Je nach Versicherungsgesellschaft können Sie Neuwagen häufig ohne jegliche Selbstbeteiligung versichern lassen. Das hat Vorteile, denn jeder Kratzer wird kostenlos behoben. Vereinbaren Sie das bereits in Deutschland. Lassen Sie sich von einem Fachmann beraten, erfragen Sie die beste Konditionen und den Regulierungen im Schadensfall. Jede Seefrachtspedition hat auch einen Versicherungsexperten, im Zweifelsfalle wenden Sie sich an den ADAC, Abteilung Grenzverkehr. Dort werden ihnen auch Gesellschaften genannt, die Seefracht versichern.

Es ist in den meisten Fällen angeraten, sich nicht auf die Zusagen zu verlassen, die einem eine eventuell mit dem Transport beauftragte Spedition macht: Die Deckungssumme ist oft zu niedrig oder umfaßt nicht den Neuwert, und die Abwicklung im Schadensfall kann sehr umständlich werden und Zeit in Anspruch nehmen – Zeit, in der Sie Ihr Geld nicht bekommen. Besonders kompliziert wird es, wenn ein Dritter den Schaden verursacht hat: Dann zahlt der Spediteur trotz einer Garantie nicht, sondern wartet auf den Geldeingang des Dritten, der vielleicht nie kommt.

Daher lohnt es sich in jedem Fall, eine separate Transportversicherung abzuschließen, da diese auch in diesen Fällen zahlt.

Wenn Sie sich eine Marktübersicht über verschiedene Versicherungsanbieter verschaffen wollen, wenden Sie sich z.B. an den Gesamtverband der deutschen Versicherungswirtschaft (Adresse im Anhang).

Incoterms

Im Zusammenhang mit der Verschiffung oder dem Zoll werden Sie immer wieder auf die sogenannten Incoterms stoßen. Diese *International Commercial Terms* sind Regeln für die Auslegung internationaler Verträge. Sie werden in einer Publikation der ICC in Paris (*International Chamber of Commerce*) veröffentlicht, die Sie bei Ihrer lokalen Industrie- und Handelskammer einsehen können. Die aktuelle Version ist die Publikation Nr. 460 aus dem Jahr 1990.

Da Sie beim Import häufig auf diese Incoterms stoßen werden, sollten Sie mit den wichtigsten Abkürzungen vertraut sein – andernfalls wird es Ihnen schwer fallen, den Inhalt von Verträgen deuten zu können. Wichtige Incoterms sind:

Cost and freight (CFR) *und* cost, insurance, freight (CIF)

CFR, "Kosten und Fracht", wird oft auch als C&F geschrieben. Zum Beispiel "CFR Boston" bedeutet: Der Verkäufer übernimmt die Kosten, um die Ware bis zum Verschiffungshafen Boston zu bringen, allerdings auf Gefahr des Käufers (d.h. falls während des Transport der Ware etwas zustößt, so geht dies zu Lasten des Käufers). Alle Kosten, die entstehen, nachdem die Reling des

Schiffes passiert wurde, werden vom Käufer übernommen. Diese Klausel kann nur bei Verschiffung eingesetzt werden, und sie ist auch dann nicht sinnvoll, wenn die Reling des Schiffes keine besondere Bedeutung hat, also auch bei Containerverschiffung und im RoRo- (roll-on/roll-off) Verkehr. Da diese beiden Fälle bei Fahrzeugen fast immer vorliegen, kommt dafür eher die Klausel *carriage paid to* (CPT) in Frage.

Bei CIF muß der Verkäufer die Ware zusätzlich auf seine Kosten für den Transport bis zum Verschiffungshafen versichern, wobei hier nur die minimale Versicherung als vereinbart gilt. Auch hier gilt, daß für Fahrzeuge eher die Klausel "*Carriage and insurance paid to*" (CIP) geeignet ist.

Carriage paid to (CPT) *und* carriage and insurance paid to (CIP)

"CPT <Versandort>" bedeutet: Der Verkäufer übernimmt alle Kosten, bis die Ware am Versandort der Spedition übergeben wurde, die den endgültigen Transport vornehmen soll. Kosten, die nach der Übergabe entstehen, gehen zu Lasten des Käufers, ebenso liegt das Risiko des Verlusts oder der Beschädigung auf dem Transport zum Versandort beim Käufer. Die Klausel ist unabhängig vom Transportweg des Spediteurs, kann sich also auf den Land-, Wasser- oder Luftweg (auch Kombinationen daraus) beziehen. Sind mehrere Spediteur am endgültigen Transport beteiligt, so gilt die Klausel als erfüllt, wenn die Ware dem ersten Spediteur übergeben wurde. Bei CPT muß der Verkäufer die Ware zudem für den Export klarmachen, also insbesondere die Zollformalitäten übernehmen.

Bei CIP (*carriage and insurance paid to* <Versandort>) übernimmt der Verkäufer zusätzlich den Abschluß einer Transportversicherung bis zur Übergabe an den ersten Spediteur, allerdings nur mit der minimalen Deckungssumme.

Free carrier (FCA)

Bei "FCA Versandort" erfüllt der Verkäufer seine Lieferung, wenn er die exportklare Ware an eine vom Käufer benannte Spedition am Versandort übergibt. Ist kein genauer Übergabepunkt genannt, so kann der Verkäufer wählen, wo genau am angebenden Ort er die Ware dem Spediteur übergeben möchte (d.h., der Käufer muß dann gegebenenfalls die Abholung innerhalb des Ortes durch die Spedition zusätzlich bezahlen). Die Gefahr geht mit der Übergabe der Ware an den Käufer über.

Per Verkehrsgewohnheit kann es üblich sein, daß der Verkäufer die Abwicklungsformalitäten beim Spediteur übernimmt (z.B. bei der Bahn oder bei Fluggesellschaften). In diesem Fall vertritt der Verkäufer dort den Käufer, handelt aber auf dessen Risiko.

Das Äquivalent zu FCA für Schiffstransport ist FOB (*free on board*), das aber wiederum für Fahrzeuge weniger in Frage kommt. Gelegentlich findet man FOB airport, was aber im strengen kein ganz einwandfreier Gebrauch ist.

Häufig findet man auch FOR (*free on rail*) oder FOT (*free on truck*). Diese sind zwar keine offiziellen Incoterms, entsprechen aber weitgehend dem FCA im Fall von Bahnverladung oder Verladung auf Lastwagen.

Delivered duty unpaid (DDU), delivered duty paid (DDP) *und ex works (EXW)*

"DDU Frankfurt am Main" bedeutet, daß der Verkäufer seine Lieferverpflichtung erfüllt hat, wenn die Ware im Importland am angegebenen Ort verfügbar ist. Der Transport dorthin erfolgt auf Kosten und auf Risiko des Verkäufers, allerdings gehen alle offiziellen Gebühren (wie Zölle und Steuern) zu Lasten des Käufers, ebenso das Risiko und die Kosten für das Abwickeln der Zollformalitäten. Soll der Verkäufer die Zollformalitäten auf sein Risiko ausführen, so muß dies ausdrücklich erwähnt werden. Der Empfänger tritt außerdem für alle Kosten und Risiken ein, die entstehen, wenn er die Ware nicht in angemessener Zeit im Empfang nimmt.

Ist "*delivered duty paid* Frankfurt am Main" vereinbart, so übernimmt der Verkäufer auch die Kosten und das Risiko für den Transport nach Frankfurt sowie die Verzollung und Steuern. Diese Vereinbarung ist die maximal mögliche Verpflichtung des Verkäufers, wogegen auf der anderen Seite des Spektrums die Klausel "*Ex works*" (EXW) steht: In diesem Fall ist der Verkäufer lediglich verpflichtet, die Ware an seinen eigenen Räumlichkeiten bereitzustellen. Insbesondere tritt er nicht für die Kosten oder das Risiko ein, die Ware auf ein Fahrzeug zu verladen. Diese Regelung sollte nur dann vereinbart werden, wenn der Empfänger die Ware selbst in Empfang nehmen kann, andernfalls empfiehlt sich eher *free carrier* (FCA).

Delivered ex quay (DEQ), delivered ex ship (DES), *free alongside ship* (FAS) *und* free on board (FOB)

Diese Terms sind wiederum nur für den Versand per Schiff bestimmt. Bei DEQ erfüllt der Verkäufer seine Lieferverpflichtung, wenn er die Waren am angegebenen Hafen entladen bereitstellt und alle Risiken und Kosten (einschließlich Zöllen und Steuern) bis zu diesem Punkt übernimmt. Alle Kosten und Risiken, die danach entstehen, gehen zu Lasten des Käufers. Sollen der Zoll oder Steuern anders behandelt werden, so können abweichende

Zusätze verwendet werden: *duty unpaid* oder *duty paid* stellt klar, wer den Zoll zu zahlen hat (im ersten Fall der Käufer, im zweiten der Verkäufer); *delivered ex quay, VAT unpaid* bedeutet, daß der Käufer die Mehrwertsteuer (in Deutschland also die Einfuhrumsatzsteuer) übernimmt.

Bei *delivered ex ship* braucht der Verkäufer die Ware lediglich auf dem Schiff im Bestimmungsort bereitzustellen. Die Kosten und das Risiko des Entladens übernimmt der Käufer, insbesondere auch die Zölle und Steuern.

Free alongside ship (FAS) heißt, daß der Verkäufer die Ware nur neben dem Schiff am Versandhafen abgeladen haben muß, um seine Lieferverpflichtung zu erfüllen, alle danach eintretenden Risiken und Kosten übernimmt der Käufer, insbesondere die Exportformalitäten. Diese Klausel sollte man nur verwenden, wenn der Käufer den Export selbst vornimmt oder vornehmen lassen kann. Andernfalls sollte man sich auf *free on board (FOB)* einigen, bei dem der Verkäufer die Exportformalitäten und -kosten übernimmt, um die Ware bis "hinter die Reling" zu bringen. Bei dem Transport auf einem anderen als dem Wasserweg oder auch bei Container- und Roro-Verschiffung sollte man statt FOB lieber FCA wählen.

Delivered at frontier (DAF)

Bei DAF wird die Ware vom Verkäufer bis zur genannten Grenze geliefert und vorher exportklar gemacht, aber die Einfuhr oder den Import (einschließlich Zoll und Steuern) muß der Käufer übernehmen. Da sich der Term auf jeden beliebigen Grenzübergang beziehen kann, muß man hier genau klarstellen, um welchen es sich handeln soll. Zwar ist dieser Term im wesentlichen für Eisenbahn- und Lkw-Transport gedacht, er kann aber auch für den Transport per Flugzeug und Schiff verwendet werden.

Zoll und Steuern in Deutschland

Zoll

Wenn das Fahrzeug nun in Deutschland angekommen ist, wird es Ihnen von der Spedition avisiert. Sollten Ihnen die ganzen Zollformalitäten zuwider sein, können Sie die Spedition beauftragen, die gesamte Verzollung für Sie zu erledigen. Das ist natürlich der einfachste Weg. Die Kosten belaufen sich auf ca. 150 Mark. Manche sind etwas günstiger, andere nehmen etwas mehr. Dann brauchen Sie nur noch die Kosten zu bezahlen und können Ihren Wagen mitnehmen.

Sie können sich das Geld zwar auch sparen – aber die Formulare sind wirklich sehr kompliziert. Sie gehen zuerst zu Ihrer Spedition und zahlen die Fracht, wenn COD (= *Cash on Delivery, Freight Collect on Delivery* = Frachtkosten werden bei Auslieferung bezahlt) vereinbart wurde. Haben Sie die Fracht bereits in den USA bezahlt, entfällt dieser Punkt natürlich.

Vom Spediteur bekommen Sie dann ein Schriftstück, das bescheinigt, daß Sie den Wagen vom Zollhof holen dürfen, die sogenannte Spediteursfreigabe-Bescheinigung. Beim Zoll denn müssen Sie einen Zollantrag ausfüllen, der aber recht kompliziert ist. Sie müssen eine Menge Codenummern in die dafür vorgesehenen Kästchen eintragen. Das beste ist, Sie füllen den schon mit Hilfe eines Zollbeamten Ihres Heimatzolls vorher aus. Die Betonung liegt auf "vorher", denn in den Zollhallen stehen manchmal zehn bis zwanzig Leute und warten auf Abfertigung. Da ist es dann wirklich verständlich, daß der Zöllner nicht für Sie den Antrag ausfüllen kann. Nur die Beträge füllen Sie nicht aus, da die gültigen Umrechnungskurse des Zolls sich geändert haben könnten.

Sie legen also den Title, die Rechnung, die Frachtkostenrechnung und Ihren Ausweis vor. Jetzt rechnet der Zöllner: Kosten des Autos (Wert der Einkaufsrechnung) plus Kosten der Fracht ergibt den Zollwert. Darauf werden zehn Prozent Euro-Einfuhrzoll berechnet. Für Fahrzeuge, die nicht in erster Linie der Personenbeförderung dienen, zum Beispiel Pickup Trucks, gelten andere Zollsätze. Dann greift Ihnen der Staat mit satten 22 Prozent ins Portemonnaie. Aber auch hier gibt es wieder manche Tricks. Wenn Sie beispielsweise ein Pickup-Truck mit einem Aufbau versehen (kostet drüben 300 bis 500 Dollar), ist es wieder möglich, mit zehn Prozent Zoll durchzukommen.

Mehrwertsteuer

Auf diesen Betrag werden dann noch einmal 15 Prozent Einfuhrumsatzsteuer berechnet (diese entspricht der jeweils gültigen Mehrwertsteuer). Diese Summe wird dann beim Zoll bezahlt.

Imaginäre Frachtkosten

Hinzu kommen noch Zoll und Mehrwertsteuer auf imaginäre Frachtkosten. Bitte nicht lachen, denn diese Kosten gibt's wirklich. Wenn Sie ein Wagen in Florida kaufen und ihn selbst an Bord nach Brunswik, Georgia fahren, fallen für Sie keine Frachtkosten an. Aber der Zoll rechnet: Die Strecke betrug 500 Kilometer, hätte also circa 300 Dollar gekostet, bei einem Kurs von 1,50. Zehn Prozent Zoll auf die 450 Mark macht 45 Mark. Darauf dann noch 15 Prozent Mehrwertsteuer sind nochmals gute sechs Mark. Insgesamt also 51 Mark. Nun holen Sie Ihren Wagen selbst ab und wohnen in München. Also 800 Kilometer. Daß Sie dabei keine Auslagen hatten, ist dem Zoll egal. Er rechnet so: Es entstehen zwar wiederum keine Frachtkosten, aber die Fracht hätte ca. 300 Mark gekostet, 15 Prozent auf die nicht entstandenen

Kosten macht 42 Mark. Zusammen mit Zoll/Mehrwertsteuer auf die theoretischen, weil gar nicht entstandenen Kosten in den USA macht das extra einen knappen Hunderter aus. Das ganze ist zwar nicht logisch, aber wer sagte, daß das Finanzamt logisch ist? Hier hat das Finanzamt das Kunststück vollbracht, etwas zu besteuern, was gar nicht existiert (vergleiche Kapitel Einkaufsrechnung).

Wenn Sie nun bezahlt haben, lassen Sie sich eine **Zollunbedenklichkeits-Bescheinigung** aushändigen. Meist wird sie ohne Aufforderung ausgestellt, manchmal aber auch vergessen. Also darauf achten, sie wird bei der Zulassungsstelle verlangt.

Überführung vom deutschen Hafen

Wenn das Fahrzeug nicht gerade ein Neuwagen ist, sollten Sie die Abholung per Trailer vornehmen, es sei denn, Sie wissen genau, daß das Fahrzeug in gutem fahrbereiten Zustand ist. Bestenfalls kann die Batterie leer sein, schlimmstenfalls hat der Wagen schwerwiegende Mängel. Bei Transport auf dem Hänger sind Sie vor Überraschungen sicher. Die Kosten für das Mieten eines Trailers sind minimal. Mit 35 bis 70 Mark pro Tag, je nach Region und Vermieter sind Sie dabei (vorausgesetzt, Sie haben eine Anhängerkupplung).

Übrigens, was die wenigstens wissen: Der Hänger und das darauf stehende Fahrzeug kann mit einer preiswerten Zusatzversicherung abgedeckt werden. Haben Sie also eine zusätzliche Versicherung für den Hänger, sind der Trailer und ebenfalls das darauf stehende Fahrzeug Vollkasko versichert. Allerdings bieten nicht alle Versicherungen diesen Service an. In der Kasko-Versicherung für eigenes Fahrzeug ist das auf dem Anhänger stehende Fahrzeug nicht enthalten!

Sie können das Fahrzeug, wenn Sie einen Zolldeklaranten mit der Verzollung beauftragt und bezahlt haben, auch per Spedition transportieren lassen. So können Sie sich den Wagen aus den USA direkt vor die Haustür liefern lassen. Für 800 Kilometer müssen Sie aber schon mit 500 Mark rechnen. Es sei denn, Sie haben ein wenig Zeit. Dann können Sie dem Spediteur sagen, der Wagen solle mitgebracht werden, wenn gerade ein LKW in Ihre Gegend fährt. Wenn Sie ein wenig handeln, können Sie mit 200 bis 300 Mark davonkommen. Da auch Zeit einen gewissen Geldwert darstellt, ist es ein reines Rechenexempel, wie Sie günstiger transportieren.

Rote Nummer

Wenn Sie in Deutschland Ihr Fahrzeug vom Hafen auf eigener Achse nach Hause befördern wollen, brauchen Sie ein Überführungskennzeichen, die sogenannte Rote Nummer. Bei 607 Zulassungsstellen allein in den alten Bundesländern ergeben sich bestimmt 50 verschiedene Richtlinien, wie sie erteilt werden. Sie wird für einen Zeitraum zwischen 2 und 30 Tagen ausgegeben und kostet mit Versicherung rund 80 Mark. Das ist jedoch weniger bedeutend für unsere Zwecke. Die Papiere, die Sie vorzulegen haben, um sie erteilt zu bekommen, sind wichtig. Es gibt verschiedene Kategorien von Zulassungsstellen, die da sind:

- Sie erteilen eine Rote Nummer, wenn Sie sagen, Sie möchten im Ausland ein Auto kaufen und es an der Grenze in Empfang nehmen. Sie erhalten sie ohne Vorlage jeglicher Papiere.
- Sie erteilen eine Rote Nummer, wenn Sie glaubhaft machen können, daß Sie ein Auto wirklich holen wollen. Sie müssen beispielsweise einen Kaufvertrag oder ähnliches vorlegen.

- Sie erteilen sie, wenn ein ausländischer Fahrzeugbrief oder -schein vorliegt. In diesem Fall kann die korrekte Fahrgestellnummer in den roten Schein eingetragen werden.
- Sie erteilen sie nur, wenn Sie einen deutschen Fahrzeugbrief vorlegen. Diese Bedingung ist wohl kaum zu erfüllen, wenn das Fahrzeug noch auf dem Zollhof steht.

Es gibt also etliche Varianten, die es im Vorfeld zu klären gilt. Wenn es Probleme gibt, versuchen Sie, auf andere Zulassungsstellen im gleichen Bezirk auszuweichen.

Vielleicht kennen Sie auch einen Autohändler, der ein Überführungskennzeichen besitzt. Aus rechtlichen Gründen kann er es Ihnen zwar nicht ausleihen, aber Sie dürfen in seinem Auftrag mit der Roter Nummer das Fahrzeug überführen. Der Vorgang ist zwar der gleiche, nur dem Gesetz ist Genüge getan.

Übernahme des Fahrzeugs

Folgende Unterlagen müssen Sie unbedingt dabeihaben:

- Personalausweis / Reisepaß
- Kaufvertrag / Auftragsbestätigung
- Geld / vereinbartes Zahlungsmittel
- Wichtige Adressen (also dieses Buch, um im Notfall Rat einholen zu können)

Bezahlen des gekauften Fahrzeugs

Es gibt in Deutschland keine Beschränkungen der Zahlungen ins Ausland. Allerdings müssen Zahlungen über 5000 DM bei der zuständigen Landeszentralbank (LZB) für statistische Zwecke gemeldet werden. Die dafür erforderlichen Formulare erhalten

Sie bei Ihrer Bank (auch den Postbanken) oder direkt bei den Landeszentralbanken. Bei Auslands-Überweisungsformularen hängt der Meldevordruck automatisch am Überweisungsträger, lediglich bei Telebanking müssen Sie das Formular separat ausfüllen. Prinzipiell besteht die Meldepflicht natürlich nicht nur bei Überweisungen, sondern auch bei Barzahlung.

Welches Zahlungsmittel?

Das gesamte Kapital in bar mit sich zu führen, ist nicht ratsam. Die Meldungen über ausgeraubte Touristen häufen sich. Hier sind Kreditkarten empfehlenswert, eine Euroscheckkarte wird in den USA dagegen nicht anerkannt. Ohne Kreditkarte haben Sie in den USA nur mit Ach und Krach den Rang eines vollwertigen Menschen. Einen Mietwagen bekommen Sie ohne diese beispielsweise praktisch überhaupt nicht. Gnade Ihnen Gott, wenn Ihr Magnetstreifen einen Defekt hat – Sie werden angesehen wie ein Aussätziger. Daher sollten Sie auf jeden Fall zur Sicherheit eine zweite Kreditkarte mitnehmen.

Ein ganzes Auto mit der Kreditkarte zu bezahlen ist allerdings ein gewisses Problem: Wegen der recht hohen Provision des Kartenunternehmens nehmen auch Händler diese Zahlungsform nicht gern an – oder anders formuliert: Wenn Sie auf andere Weise zahlen, können Sie normalerweise einen um einige Prozent besseren Preis heraushandeln. Ob Ihnen die einfachere Zahlungsweise diese Summe wert ist, müssen Sie letztlich selbst entscheiden. Falls Sie per Kreditkarte bezahlen wollen, müssen Sie unbedingt vorher Ihren zuständigen Kontoführer bei der Kartengesellschaft über Ihr Vorhaben informieren und ihm dabei zweierlei klarmachen:

Erstens, daß Sie das Geld auch wirklich haben und nicht die Kartengesellschaft auf der uneinbringlichen Forderung sitzenbleibt. Hierfür wird er Sicherheiten verlangen, z.B. eine Bestätigung Ihrer Hausbank, sofern diese nicht ohnehin Ihre Karte vermittelt hat. (Das normale Limit für Kreditkarten liegt bei ca. 8000 DM – darüber geht ohne Vorwarnung nichts. Besser dran sind nur Besitzer einer Goldcard.) Zweitens müssen Sie Ihren Kontoführer auch bei bester Bonität auf den zu erwartenden ungewöhnlich hohen Umsatz vorbereiten, damit er nicht denkt, die Karte sei gestohlen worden und dann kein o.k. gibt, wenn der Verkäufer den Betrag anfragt.

Barzahler können bereits beim Wechseln sparen, indem Sie bei der Bank in Deutschland beim Wechselkurs handeln. Gut für die Zwecke eigenen sich ausländische Banken, wie irische oder iranische. Nur die alteingesessenen deutschen Banken beharren auf ihrem festen Wechselkurs.

Eine gewisse Sicherheit bieten Reiseschecks (*travellers' cheques*), denn diese werden bei Verlust ersetzt. Das macht die Gebühr für die Reiseschecks allemal wieder wett. Darüber hinaus rechnet die Bank bei Schecks mit dem für Sie günstigeren Devisenkurs ab. (Bargeld wird nach dem Sortenkurs abgerechnet.) Sie sollten das auf jeden Fall mit Ihrer Hausbank besprechen, denn auch hier können Sie handeln. Wermutstropfen dieser Methode: Schon beim Wechseln des Geldes in die Schecks in Deutschland müssen Sie gleich einmal das Aufgeld in Höhe von 2% für die Versicherung hinlegen. Und wenn man jeden Scheck bei einer größten Stückelung der Schecks von 500 $ einmal unterschreiben muß, fühlt man sich zweimal wie Heino nach seinem erfolgreichsten Konzert.

Für den Autokauf bietet sich speziell eine andere Möglichkeit der Bezahlung an: Sie gehen zu Ihrer Hausbank und fragen nach einer Referenzbank am Zielort. Sie weisen die Hausbank an, auf Anruf von drüben an diese Bank eine Swiftüberweisung vorzunehmen. Drüben eröffnen Sie dann ein Konto auf den eigenen Namen. Ist das Geld von Deutschland eingetroffen, können Sie frei über das Geld verfügen. Wichtig ist, daß die Überweisung telegrafisch durchgeführt wird. Normalerweise dauert das nicht länger als zwei Tage, kostet aber etwa 60 Mark pro 1.000,-- Mark. Auch eine reguläre Auslandsanweisung kostet einiges an Gebühren, kann aber bis zu drei Wochen dauern. Daher müssen Sie auf eine telegrafische Überweisung bestehen. Insgesamt werden Sie sich wundern, wie wenig amerikanische Banken mit Geld zu tun haben wollen, insbesondere mit Bargeld.

Telegrafisch kann auch mit der Bundespost auf Ihren Namen an eine Western Union Station in den USA überwiesen werden. Sie können das Geld in den USA schon nach einigen Stunden von einem Büro der Western Union Telegrafengesellschaft abholen. Allerdings ist das sehr kostspielig (am Postschalter erfragen), und Sie müssen in Deutschland eine Person Ihres Vertrauens haben, die für Sie das Geld am Postschalter einzahlt.

Anzahlung

Bei einer Bestellung wird eine Anzahlung fällig. Mehr als 10 bis 20 Prozent der Kaufsumme sollten Sie jedoch nicht im voraus begleichen. Hohe Anzahlungen bringen Sie in eine schwierige Verhandlungsposition, da Sie dann praktisch keine Möglichkeit mehr haben, die Übernahme zu verweigern. Bei Überweisungen zur freien Verfügung ist größte Vorsicht geboten. Letztendlich ist dies Vertrauenssache.

Einige weitere Tips, wie Sie sich bei der Bezahlung absichern können, wenn Sie nichts selbst nach Amerika reisen wollen, sondern von zuhause aus den Kauf abschließen wollen, finden Sie im Kapitel über den Kauf per Telefon.

Zulassung

Vorgehensweise

Wer bis 1994 in Deutschland ein direktimportiertes Neufahrzeug zulassen wollte, ging so vor: Leerbrief von der Zulassungsstelle holen, damit zum TÜV die Abnahme (21 StVZO) machen lassen und mit dem ausgefüllten Leebrief zurück zur Zulassungsstelle zur endgültigen Zulassung auf schwarze Nummer.

Seit 1.1.1995 hat der Gesetzgeber eine neue Regelung erlassen. Je nach Zulassungsgebiet werden zwei Möglichkeiten angewandt:

1. Sie unterscheidet sich nur in einer Kleinigkeit von der bisherigen Regelung. Der Importeur bekommt den Fz-Brief nicht ausgehändigt, er wird von der Zulassungsstelle an den TÜV geschickt und nach der TÜV-Abnahme wieder zur Zulassungsstelle. Das dauert etwas länger, aber der Weg ist der gleiche.
2. Möglichkeit: Der Importeur geht mit allen Papieren zuerst zum TÜV und läßt die Abnahme durchführen. Gleichzeitig wird dort ein Antrag auf Erteilung eines Leerbriefs gestellt. Eine Kopie der TÜV-Bescheinigung wird zusammen mit den Importpapieren und dem Leerbriefantrag an die Zulassungsstelle geschickt. Dann kann zugelassen werden. Alles zusammen kann das allerdings über eine Woche dauern.

Diese neue Regelung wurde erlassen, weil in der Vergangenheit zu viele Leerbriefe für finstere Zwecke mißbraucht wurden. Also fragen Sie vorher bei Ihrer Zulassungsstelle nach, wie die Zulassung in Ihrem Regierungsbezirk durchgeführt werden muß.

Einkaufsrechnung

Sie müssen in Deutschland beim Zoll und auch auf der Zulassungsstelle eine Rechnung vom Verkäufer vorweisen können. Auf dieser müssen alle Angaben des Verkäufers, des Fahrzeugs und auch Ihre komplette deutsche Adresse enthalten sein. Weisen Sie beim Zoll keine Rechnung vor, können Sie den Einkaufswert nicht nachweisen. Das kann eventuell teuer werden, denn dann wird der Wagenwert geschätzt.

Noch ein Spartip: Wenn Ihr Verkäufer Ihnen Ihr Auto auf seine Kosten zum nächsten Hafen transportiert, sollten Sie immer auf der Rechnung F.O.B. (Free on board = Fracht kommt ohne Aufschläge an Bord) vermerken lassen. Das erspart Ihnen Zoll und Mehrwertsteuer auf imaginäre Frachtkosten. (Siehe Kapitel Imaginäre Frachtkosten).

Noch eines zum Thema Rechnung: Schreiben Sie nicht mit Absicht des Betruges F.O.B. auf die Rechnung, und lassen Sie nicht viel niedrigere Kaufpreise aufschreiben, als sie wirklich bezahlt haben. Die Summen, um die Sie das deutsche Finanzamt prellen, sind zu gering. Wird der Zollbeamte mißtrauisch, wird geschätzt, und - seien Sie sicher, die Beamten schätzen nicht zu Ihren Gunsten. Zusätzlich machen Sie sich der Steuerhinterziehung strafbar und das kann empfindliche Strafen nach sich ziehen. Dafür sind die "gesparten" Beträge wirklich zu gering und das Risiko zu hoch.

US-Fahrzeugbrief (Title)

Das "Certificate of Title", kurz Title genannt, ist das Besitzdokument eines Fahrzeugs in den USA. Es sind darauf Marke des Wagens, Modell, Fahrgestellnummer, Erstzulassung, Besitzer usw. aufgeführt. Es ist immer nur der aktuelle Besitzer vermerkt. Wieviele Vorbesitzer es gegeben hat, wer sie waren und aus welchem Bundesstaat das Auto kommt, ist nachträglich nicht mehr festzustellen.

Dieses Dokument ist für mehrere Aktionen äußerst wichtig. Ohne diesen Title ist es nicht möglich, das Fahrzeug aus den USA herauszukriegen. Es gibt zwar halblegale und illegale Tricks, es auch ohne Title zu bewerkstelligen, aber auf die wollen wir hier nicht weiter eingehen.

Weiterhin benötigen Sie für die Erlangung des deutschen Fahrzeugbriefes dieses Dokument. Ohne Title kein FZ-Brief. Ohne FZ-Brief keine Zulassung. Schon so mancher hatte ein wunderschönes aus den USA importiertes Auto vor der Tür stehen, aber keinen Title. Also gab es auch keine Zulassung.

Wenn Sie also ein Fahrzeug drüben kaufen, egal ob von privat oder einem Händler, müssen Sie unbedingt darauf achten, daß der Title dabei ist. Es versteht sich von selbst, die Fahrgestellnummer mit der Nummer auf dem Title zu vergleichen. In den USA ist es recht einfach. Vorn links, hinter der Frontscheibe ist die VIN (*Vehicle Identification Number* = Fahrgestellnummer) auf einem Metallplättchen eingeschlagen und aufgenietet. Die Überprüfung ist also eine Sache von Sekunden.

Die nächste Frage sollte sein, ob das Fahrzeug finanziert ist (besonders bei Privatpersonen). Also, ob es noch beliehen ist. Üblicherweise ist das auf der Vorderseite des Titles in der Mitte zu erkennen, wo "Lienholder/s" steht. Lienholder sind Privatpersonen oder Institutionen wie Banken und Versicherungen, die die Pfandrechte auf dieses Fahrzeug haben. Ist der auf das Fahrzeug geliehene Betrag zurückbezahlt, wird der Eintrag ungültig gemacht. In den meisten Staaten der USA wird ein Besitzer seinen Title überhaupt nicht in die Hand kriegen, wenn das dazugehörige Fahrzeug noch beliehen ist. Wie in Deutschland behält die Bank ihn im Safe. Doch leider sind die Gesetze und Vorgehensweisen in den 50 Staaten der USA allesamt unterschiedlich. In New York ist es vorgekommen, daß der Title, obwohl er beliehen war, nicht einbehalten wurde. Der Besitzer fälschte den Bezahlt-Eintrag und verkaufte das Auto an einen Deutschen, der es exportieren wollte. Am Zoll war dann Schluß, das Auto wurde beschlagnahmt und er flog ohne Auto zurück nach Old Germany. Wer einen Eintrag in der Rubrik "Lienholder" sieht, sollte die dort vermerkte Institution anrufen und fragen, ob das Fahrzeug freigegeben ist.

Kommt es nun zu einem Kauf, wird der Title mit dem Fahrzeug und der Rechnung übergeben, müssen Sie auf folgendes achten. Auf der Rückseite sind Überschreibungsvermerke vorgedruckt. Das heißt, wenn Sie ein Fahrzeug gekauft haben, schreiben Sie Ihren Namen in die Rubrik "Buyer", also Käufer, und unterschreiben davor. Dann sollten Sie der ganzen Angelegenheit einen offiziellen Touch geben und einen "Public Notary", einen Beglaubiger, aufsuchen und es von ihm signieren lassen.

Ein Public Notary ist übrigens weit entfernt von dem deutschen Begriff des Notars. Jeder kann sich diesen Titel erwerben, wenn er nicht gerade einige Jahre im Gefängnis zugebracht hat. Also Ihr Public Notary könnte der Kellner im Restaurant, der Hot Dog-Verkäufer oder auch eine Bankangestellte sein. Sie brauchen nicht lange zu fragen, um einen zu finden. Die Preise sind auch recht moderat. Eine Beglaubigung kostet zwischen nichts und zehn Dollar. Diese Beglaubigung ist zwar keine Garantie, daß mit dem Fahrzeug alles in Ordnung ist, aber zumindest wird die Sache sicherer.

Notwendige Dokumente

Hier noch einmal die Zusammenfassung: im Verlaufe der Zulassung benötigen Sie folgende Papiere:

- Personalausweis/Reisepaß
- ausländischen FZ-Brief (US-Title)
- Einkaufsrechnung
- Zoll-Unbedenklichkeits-Bescheinigung
- Unbedenklichkeitsbescheinigung des KBAs
- Hersteller-Unbedenklichkeitsbescheinigung
- Datenblatt
- Abgas- und Geräuschgutachten
- mit TÜV-Daten ausgefüllter Fz-Brief
- Versicherungsdoppelkarte
- Nur für manche Zulassungsstellen: Importfahrzeug vorführen
- Amerikanische Nummernschilder (selten)

Der Kauf per Telefon

Der Kauf per Telefon, d.h. ohne daß Sie selbst in die USA reisen, birgt eine Menge Gefahren. Einige böse Fallen, mit denen Sie rechnen müssen:

- Der US-Händler verschwindet mit Ihrem Geld auf Nimmerwiedersehen.
- Die Anzahlung wird unterschlagen.
- Statt des versprochenen Wagens im Topzustand befindet sich im Container ein Häuflein Schrott.

Dies ist nur eine kleine Auswahl der aus der großen Palette der Betrugsmöglichkeiten. Vom Kauf von Gebrauchtwagen- und Liebhaberwagen per Telefon sollten Sie daher lieber Abstand nehmen. Die Reise kostet Sie allenfalls in der Gegend von 2000 Mark – und die sind gut angelegt, zumal Sie die Reise gleich zu einem kleinen Urlaub machen können.

Wenn Sie nun aber wirklich keine Zeit haben, um in die USA zu fliegen und auf den Kauf per Telefon angewiesen sind, sollten Sie zumindest einige Vorsichtsmaßnamen einbauen, um sich vor solchen oder ähnlichen Schicksalschlägen zu bewahren.

Vorgehensweise

Die Preisermittlung wird wie oben beschrieben durchgeführt, danach muß ein verkaufsbereiter Händler gefunden werden. Hilfestellung gibt hierbei übrigens auch die Deutsch-Amerikanische Handelskammer in New York (Adresse im Anhang).

Vor Überweisung zur freien Verfügung kann nicht genug gewarnt werden. Die Zahl der Leute, die auf diese Weise ihr Geld verloren haben, geht in die Tausende. Eine Lösung ist das *Irrevocable Letter of Credit* (Unwiderrufliches Dokumentenakkreditiv). Es besagt, daß das Geld an den Verkäufer erst ausgezahlt wird, wenn das Auto an Bord des Schiffes nach Europa ist. Die Bank überprüft die Frachtpapiere und gibt erst dann das Geld zur Auszahlung frei. Zwei Dinge sind damit sicher: erstens, das Auto ist mit Sicherheit an Bord und zweitens, der Verkäufer erhält sein Geld. Für beide Seiten also der optimale Weg, Autos aus dem Ausland zu kaufen (siehe auch weiter unten den Abschnitt *Akkreditiv*).

Vorsicht daher bei amerikanischen Exporteuren, die kein LC akzeptieren. Entweder haben sie kein Geld, um das Auto vorzufinanzieren, bis es an Bord ist, oder sie sind Dilettanten oder Gangster oder gar beides. Eine gute Adresse ist die Firma Automobil Concepts in Miami (Adresse im Anhang), dort spricht man auch deutsch.

Telefonnummern von Händlern in dem Ort Ihrer Wahl erfahren Sie über die Auslandsauskunft (Telefonnummer in Deutschland: 00118). Meist sind die Händler unter der Marke, die sie vertreten, im Telefonbuch eingetragen.

Beim Gespräch zu klärende Punkte

Während der telefonischen Verhandlung sollte die erste Frage lauten: "Haben Sie Exporterfahrung?" Das ist für Sie nicht nur für eine reibungslose Verschiffung wichtig, sondern auch für den Preis. Kennt sich der amerikanische Händler nicht mit dem Export aus, wird er in seinen Preis verschiedene Abgaben einkalkulieren, die nur für amerikanische Bürger anfallen.

Hier eine Checkliste für die richtigen Fragen:

- Exporterfahrung?
- Gelten die Preise für das neueste Modell?
- Sind Preisnachlässe möglich?
- Sind Sonderwünsche bezüglich der Ausstattung möglich, oder handelt es sich um vorhandene Fahrzeuge?
- Preise für die gewünschten Extras
- Ausstattungsvergleich mit deutscher Version
- Lieferzeiten
- Anzahlung notwendig? Wenn ja, wie hoch?
- Zahlungsmodalitäten klären

Es ist sehr wichtig, die Preise vor dem Kontakt mit den US-Händlern auszurechnen, so können Sie ihm gleich sagen, wieviel Sie zahlen wollen. Ganz bestimmt wird der Händler versuchen, den Preis hochzuschrauben. Er wird alles aus seiner Trickkiste holen, um zu beweisen, daß der Wagen teurer sein muß. Nicht nur, um mehr zu verdienen, sondern um seine Lagerwagen zu verkaufen, die meist enorm luxuriös ausgestattet sind. Nur mit einem Grund – um den Preis nach oben zu treiben. Der amerikanischen Autofahrer finanziert sein Fahrzeug so oder so. Barzahlung ist nicht üblich. Und ob er nun 115 oder 185 Dollar im Monat zahlt, ist ihm egal. Aber – der Händler hat einige hundert Dollar mehr verdient. Also lassen Sie sich nicht beirren. Sie kennen Ihren Preis, bestehen Sie darauf.

Absicherung bei der Bezahlung

Um auf der sicheren Seite zu sein, sollten Sie folgendermaßen vorgehen:

- Überweisen Sie nur in Ausnahmefällen das Geld zu freien Verfügung.
- Zahlung mit LC (*Irrevocable Letter of Credit*), dem unwiderruflichen Dokumentenakkreditiv.
- Statt der *Bill of Lading* (Frachtbrief) ein *Dock Receipt* (Speditionsübernahme-Bescheinigung) in Verbindung mit einem *Conditions Report* (Zustandsbericht) verlangen.

Im einzelnen:

Der Zustandsbericht wird ausgestellt, damit die Spedition im Versicherungsfall beweisen kann, welche Schäden der Wagen schon vorher hatte. Nun können Sie mit der Spedition vereinbaren, daß sie den Conditions Report Ihnen vorab bekannt gibt. Sollte sich der Wagen dann nicht im versprochenen Zustand befinden, können Sie die Spedition anweisen, das Dock Receipt nicht an den Verkäufer auszuhändigen. Das LC (siehe unten) verfällt und Sie behalten Ihr Geld. Allerdings wird sich nicht jede deutsche Spedition darauf einlassen, weil sie nur mit freien Agenten in den USA zusammenarbeiten, denen sie auch nicht vollends trauen können. Eine Firma gibt es jedoch, die diesen Service anbietet: E. H. Harms GmbH und Co. (siehe Anhang, Speditionsadressen).

Akkreditiv / Letter of Credit (LC)

Um beide Seiten bei einem Überseegeschäft einigermaßen gleichberechtigt bei der Bezahlung abzusichern, ist es ein verbreitetes Vorgehen, die Zahlungsabwicklung an einen unabhängigen

Dritten zu übergeben, meist an eine Bank. Das geschieht mit Hilfe eines Akkreditivs und funktioniert folgendermaßen:

Sie vereinbaren mit dem Verkäufer (Exporteur), welche Leistungen er zu erbringen hat, bevor er sein Geld erhält. Typischerweise könnten diese Leistungen darin bestehen, daß er das Auto versandklar gemacht und einer Spedition übergeben hat. Sie vereinbaren weiterhin, mit welchen Dokumenten dies nachzuweisen ist, also z.B. Dokumente über abgeschlossene Versicherungen, Transportdokumente oder auch beliebige andere Dokumente. Sodann weisen Sie mit dem Akkreditiv Ihre Bank an, dem Exporteur einen bestimmten Geldbetrag auszuzahlen, sobald er die vereinbarten Bedingungen erfüllt hat und dies durch Vorlage der entsprechenden Dokumente belegt. Auch können Sie Zusatzinformationen in das Akkreditiv aufnehmen, etwa einen spätesten Termin, bis zu dem die Dokumente vorliegen müssen.

Der Vorteil dieser Vorgehensweise besteht darin, daß beide Seiten recht gut abgesichert sind und die Risikoverteilung ausgewogen ist. Allerdings gibt es auch beim Akkreditiv einige Fußangeln: Die Bank prüft ausschließlich, ob die vereinbarten Dokumente vorgelegt werden. Sie prüft dagegen nicht, ob diese Dokumente mit denen übereinstimmen, die im Kaufvertrag vereinbart wurden; machen Sie hier einen Fehler, so ist das Ihr Risiko. Besonders, wenn Sie im Kaufvertrag Änderungen vornehmen, kann es zu Abweichungen zum Akkreditiv kommen, die Sie dann bares Geld kosten. Die Bank prüft auch nicht, ob die Ware im vereinbarten Zustand ist, ob sie Mängel aufweist oder mit dem in Kaufvertrag angegebenen Gegenstand übereinstimmt. Ausschließlich die Dokumente zählen, sonst nichts.

Cash on Delivery (COD)

Das COD-Verfahren (*Collect on Delivery*) entspricht etwa der Nachnahme der Post: Die Ware wird nur ausgehändigt, wenn der Betrag beim Spediteur (manchmal auch einer vom Versender beauftragten Bank) bezahlt wurde. Diese Art der Zahlungsabwicklung hat für beide Seiten den Vorteil, daß weder die Ware noch der Geldbetrag ohne Gegenleistung den Besitzer wechseln kann. Das bedeutet, Sie bezahlen den Wagen erst, wenn Sie ihn vom Zoll in Deutschland abholen.

Sie können ihn im Zollhof erst einmal untersuchen. Strenggenommen dürfen Sie das zwar eigentlich erst dann, wenn Sie ihn bereits bezahlt haben, das wird aber meist nicht so eng gesehen. Eine gute Sache für den deutschen Käufer, aber nun hat sicherlich der amerikanische Verkäufer Angst, übers Ohr gehauen zu werden. Denn nimmt der Deutsche den Wagen nicht ab, kann der Verkäufer den Wagen nur auf seine Kosten zurückschiffen lassen, oder einen anderen Kunden in Deutschland suchen. Deshalb werden sich wenige Händler darauf einlassen.

Statt COD findet man auch öfters die Bezeichnung *Freight Collect on Delivery*.

Begutachtung des Fahrzeugs vor Ort

Ähnlich dem deutschen ADAC gibt es in den USA einen Organisation namens Triple A (AAA = American Automobil Association, der amerikanische Automobilverband). Ihm sind 145 Stationen in den gesamten USA angeschlossen. Viele dieser Stationen haben ein Diagnostic Center, also ein Testcenter. Entweder lassen Sie den Wagen vom Händler bei der AAA vorfahren und durchchecken oder überreden einen AAA-Techniker, gegen ein paar Dollar Ihren Wagen beim Händler zu begutachten. Die Telefonnummer der AAA-Station in Ihrer Wunschstadt erfahren Sie bei der Triple A in Heathrow, Florida. Die komplette Liste der angeschlossenen Mitglieder wird nicht nach Europa verschickt. Aber der ADAC hat in seinem Tourenpaket Nordamerika eine Teilliste abgedruckt. ADAC-Mitglieder können dieses kostenlos anfordern.

Auch wenn Sie selbst in die USA geflogen sind, um den Kauf eines Gebrauchtwagens abzuwickeln, kann es eine gute Idee sein, den Prüfservice des AAA in Anspruch zu nehmen, weil sich die dortigen Experten normalerwese deutlich besser auskennen als man selbst. Das Geld ist das Mehr an Sicherheit wert.

US-Gerichte

Das Verklagen in den USA hat den Nachteil, daß der gesamte Schriftverkehr in Englisch abgefaßt werden muß. Manchmal hilft aber schon ein Bluff. Wer mit dem Anwalt droht, kann unter Umständen den Schaden in Grenzen halten. Wenn das nicht hilft, muß tatsächlich ein Anwalt eingeschaltet werden.

Die Adressen in der jeweiligen Stadt erhalten Sie bei der deutschen Botschaft, den deutschen Konsulaten oder der Deutsch-Amerikanischen Handelskammer (Chamber of Commerce). Letztere kann sogar deutschsprachige Anwälte vermitteln.

Gute Ratschläge gibt das Department of Customer Affaires, eine öffentliche Einrichtung als Dienststelle der Stadtverwaltung (jeweilige Telefonnummer bei der Auslandsauskunft erfragen). Sie bekommen bei Bedarf ebenfalls die Adresse eines kompetenten Rechtsanwalts.

Die Anwälte wollen allerdings zuerst eine Anzahlung sehen. Drüben wird das Honorar eines Anwalts nicht nach dem Streitwert festgesetzt, sondern nach tatsächlichem Aufwand berechnet. Wie hoch der ist, bestimmt der Anwalt selbst. Manche verlangen eine hohe Anzahlung, bevor sie den ersten Blick auf die Angelegenheit werfen. Mehrere Tausend Dollar sind keine Seltenheit. Das Verklagen geht also ins Geld und – eine Erfolgsgarantie gibt's nicht.

Daher gilt, wenn es sich in Ihrem Fall ganz offensichtlich um Betrug handelt, sollten Sie sich zusätzlich an die Staatsanwaltschaft wenden. Ihre zuständige Stelle in Amerika heißt: *Department of Justice, Public Rights Division, Consumer Law Section, Office of the Procecuter*, (Justizministerium, Amt für Öffentliches Recht, Abteilung Verbrauchergesetze, Büro des Staatsanwaltes). Das bringt zwar Ihr verlorenes Geld nicht unmittelbar zurück. Wenn Sie jedoch den Strafprozeß gewinnen und danach einen Zivilprozeß anstrengen, ist dieser so gut wie gewonnen. Damit ist der Anspruch auf Ihr Geld amtlich, ist aber nur dann zu Geld zu machen, wenn die Firma zahlungsfähig ist.

Nachdem Ihr Prozeßgegner verurteilt wurde, müssen Sie Ihr Geld eintreiben. Dabei kann Ihnen die Deutsch-Amerikanische Handelskammer auch helfen. Ein eigenes **Inkassobüro** treibt das Geld für Sie ein. 10.000 Mark eintreiben kostet 1.000 Mark Inkassogebühr, 100.000 Mark werden für 2.000 Mark eingetrieben. Durchaus akzeptable Summen, wenn man auf diese Weise zu seinen Geldern kommt.

Beträgt der Streitwert weniger als 2.000 Dollar, haben Sie die Möglichkeit, ohne einen Rechtsanwalt vor Gericht zu gehen. Der sogenannte "*Small Claims Court*" (Verfahren mit geringwertigen Ansprüchen) behandelt diese Fälle. Dort können Sie selbst oder ein von Ihnen bestimmter Vertreter in eigener Sache tätig werden. Das hat den Vorteil, daß sich Ihre Gerichtskosten in Grenzen halten, weil keine Anwaltsgebühren anfallen.

Vorsicht ist besser als Nachsicht. Was in Deutschland nicht möglich wäre, gibt es aber drüben. Nämlich die sogenannten schwarzen Listen, also Aufstellungen von Händlern, die nachweislich mehrfach unangenehm aufgefallen sind. Das Better Business Bureau (gibt es in jedem größeren Ort, Adresse und Telefonnummer erfahren Sie von der internationalen Telefonauskunft), ein Zusammenschluß von Geschäftsleuten, ähnlich der Handelskammern in Deutschland. Sie führen meist solche Listen. Im Zweifel können Sie sich dort erkundigen, ob der Name Ihres Händlers auf der schwarzen Liste steht.

Im allgemeinen werden Sie kaum einen Bedarf nach einem deutschen Anwalt haben, aus dem einfachen Grund, weil er zu weit weg ist. Falls Sie doch einmal in diese Situation kommen sollten, aber nicht wissen, an wen Sie sich wenden können, damit Ihnen ein Anwalt empfohlen wird, dann versuchen Sie es einmal bei der Bundesrechtsanwaltskammer oder dem Deutschen Anwaltsverein (beide Adressen im Anhang).

Tatsächliche Importkosten

Nicht alle aufgezählten Kosten fallen immer an und nicht alle sind für Sie überhaupt relevant. Überlegen Sie, wieviel Sie wofür ansetzen. Machen Sie es sich hierbei aber nicht zu leicht, denn falsche Kalkulation ist einer der häufigsten Gründe für eine Enttäuschung beim Eigenimport.

Die Zeit kann für Sie kostenlos sein, nämlich dann, wenn Sie ansonsten in dieser Zeit auch nichts verdienen würden. Nehmen Sie aber extra für den Autokauf Urlaub, dann kann es sinnvoll sein, diese Tage mit anzusetzen.

Für den Preisvergleich muß auch die Ausstattung berücksichtigt werden. Sie müssen also zu dem Importpreis noch alle jene Preise addieren, die Sie bezahlen müssen, um auf die gleiche Ausstattung zu kommen, wie bei einem Fahrzeug, das Sie in Deutschland gekauft hätten. In jedem Fall sind das die Merkmale, die von TÜV und Zulassungsstelle gefordert werden; Zubehörteile, die Ihnen nicht wichtig sind, die in der deutschen Grundausstattung aber enthalten sind, sollten Sie beim Vergleich nicht ansetzen. Entsprechendes gilt, wenn die deutsche Ausstattung weniger umfangreich ist, und Sie deshalb den hiesigen Preis um die entsprechenden Ausstattungskosten erhöhen müssen.

Passen Sie besonders beim Umrechnen der Währungen auf: Bei den großen Beträgen können schon kleine Änderungen des Wechselkurses erhebliche Summen ausmachen, und zwar sowohl zu Ihren Gunsten als auch zu Ihren Ungunsten. Diese Überlegung ist umso wichtiger, je länger vor dem Kauf Sie Ihre Berechnungen anstellen. Rechnen Sie in diesem Fall immer einen Risikobetrag mit ein oder nehmen Sie ein Währungssicherungsgeschäft vor.

Inwieweit die Reisekosten relevant sind, hängt wieder entscheidend von Ihnen ab: Wenn Sie die Reise als Ausflug ansehen, sollten Sie diese Kosten nicht mit ins Kalkül ziehen. Sie können in diesem Fall die Ausgaben auch zu einem bestimmten Anteil berücksichtigen.

Als Regel kann man sagen, daß die Preisersparnis (vor den Nebenkosten, die in diesem Kapitel genannt wurden) gegenüber dem deutschen Preis mindestens 25 Prozent betragen sollte. Bei geringeren Werten lohnt sich der Aufwand im allgemeinen nicht.

Checkliste: Importkosten

- Vorbereitung
- Telefonkosten/Porto
- Zeit
- Beschaffung von Informationen
- Kaufpreis
- Grundpreis
- Zusatzausstattung
- Währungsrisiko
- Überführungskosten
- Anreise, Flug
- Mietwagen

- Übernachtungen
- Verpflegung
- Rückfahrt
- Transportkosten
- Versicherung
- Kosten für Überführungsnummernschilder
- Nebenkosten
- Bankspesen
- Dienstleistungen (Spedition)
- Datenblatt
- Abgas- und Geräuschgutachten
- Ausnahmegenehmigungen
- Zulassungsgebühren
- TÜV-Vollgutachten
- Reparaturkostenversicherung
- Sonstiges

Gründe, nicht selbst zu importieren

Vielleicht haben Sie die ganzen vielen Ausführungen über den Selbstimport inzwischen so abgeschreckt, daß Ihnen alles viel zu kompliziert vorkommt? In diesem Fall sollten Sie überlegen, ob Sie nicht einfach auf einen in Deutschland angesiedelten freien Importeur zurückgreifen und ihn die Arbeit erledigen lassen.

Bei sehr gängigen Kfz-Typen kann es sogar sein, daß dieser Weg auch noch billiger ist, als wenn Sie den Import selbst vornehmen, weil die Profiimporteure einige Vorteile haben:

- sie haben bereits die Kontakte zu Händlern im Ausland;
- sie können oftmals sehr gute Rabatte heraushandeln, weil sie in größeren Stückzahlen abnehmen;
- sie besorgen immer gleich mehrere Autos auf einmal, so daß die Fixkosten pro Stück geringer sind;
- sie kennen alle Schliche, so daß kein Lehrgeld zu zahlen ist.

Es lohnt sich auf jeden Fall, verschiedene freie Importeure anzurufen und nach den Preisen zu fragen. Normalerweise sind die Händler auf einzelne Modelle spezialisiert, die dann dort besonders günstig sind. Sie finden Annoncen derartiger Händler im Kleinanzeigenteil überregionaler Autozeitschriften und in den Tageszeitungen oder Anzeigenblättern, in denen viele gebrauchte Fahrzeuge angeboten werden.

Kauf bei freien Importeuren

Kann man nun bedenkenlos bei jedem freien Importeur kaufen? Grundsätzlich ja, die meisten sind seriös, aber leider gibt es doch einige schwarze Schafe unter ihnen. So erkennen Sie einen seriösen Händler:

1. Die Preise in den Annoncen, die ein Händler angibt, kann er auch halten. Unseriöse Händler schlagen alle möglichen Extras auf den annoncierten Preis auf.
2. Es wird ein Vermittlungsauftrag und kein Kaufvertrag gemacht. Verkauft der Händler auf eigene Rechnung, kann es Ärger bei eventuellen Garantiearbeiten geben, es sei denn, der Händler hat eine eigene Werkstatt und erklärt sich bereit, anfallende Arbeiten selbst durchzuführen.
3. Im Vermittlungsauftrag ist eindeutig festgelegt, daß alle Abgaben (Zoll/Einfuhrumsatzsteuer) entrichtet worden sind.
4. Weiterhin sollte im Vermittlungsvertrag stehen, daß das Auto zulassungsfertig ist, also: das Auto wurde beim TÜV vorgeführt, alle Umrüstungen und die nötigen Ausnahmegenehmigungen und Papiere wurden besorgt.
5. Im Vertrag wird ein Festpreis ausgemacht, so daß im Falle einer Währungsschwankung oder Preiserhöhung im Ausland das Auto nicht mit einem Mal um zehn oder 20 Prozent teurer wird.

6. Es wird ein konkreter Liefertermin vereinbart. Der kann sich natürlich aus vielerlei Gründen etwas verschieben, es darf aber keine Verzögerungen von mehreren Monaten geben.
7. Eine Anzahlung wird entweder gar nicht verlangt, oder hält sich in Grenzen. Zehn bis 20 Prozent des Kaufpreises sind akzeptabel.
8. Der Händler verlangt keine weiteren Zahlungen oder Sicherheiten. Die Bezahlung der Gesamtsumme per Bankbürgschaft, auf ein Notaranderkonto oder an einen Rechtsanwalt sind unüblich. Das bedeutet nur, daß der Händler keine müde Mark auf dem Konto hat, und sich die Gesamtsumme vorfinanzieren lassen muß.

Sollte es aber dennoch einmal mit einem Importauto Ärger geben, gibt es seit kurzem eine Anlaufstelle für Hilfe: den Bundesverband freier Kfz-Importeure e.V. (siehe Adressenverzeichnis). Bei Ärger mit einem Verkäufer, Vermittler, dem TÜV, den Behörden oder der Garantie oder ähnlichem ist der Bundesverband gern behilflich.

Die Händler-Liste im Anhang stellt eine Übersicht, keine Auswahl im Sinne einer Wertung oder Empfehlung dar. Die meisten freien Händler importieren verschiedene Marken.

Es gibt übrigens noch eine weitere Quelle für direkt importierte Fahrzeuge, die auf den ersten Blick recht ungewöhnlich erscheint: Viele zugelassene Vertragshändler verschiedener Marken betreiben selbständig nebenher ein Direktimportgeschäft. Derartige Fahrzeuge befinden sich oft ein wenig versteckt als "besonders günstige Angebote" für sehr feilschfreudige Kunden im Programm. Der Vorteil dieser Einkaufsquelle besteht darin, daß der notwendige Service am Fahrzeug problemloser vonstatten geht, sofern man beabsichtigt, die Wartungsarbeiten in der Werkstatt des Vertragshändlers erledigen zu lassen. Sehen Sie sich also auch bei "offiziellen" Händlern nach direkt importierten Fahrzeugen um.

Anhang

Fachvokabeln Deutsch-Englisch

1. Hand	first owner
1a Zustand (insbesondere bei Oldtimer)	mint condition
1a Zustand (insbesondere bei Oldtimer)	concours condition (concours wird hier als "Wettbewerb" verstanden)
Abschleppdienst	wrecker service
Abschleppöse	tow loop
Abschleppseil	tow rope
Achse	axle
Agentur, Zwischenhändler	agent
Airbag	airbag
alle Extras	fully loaded
Allradantrieb	four-wheel-drive (4wd, vwd)
Allwetterreifen	all-season tires
Aluräder	alloy wheels (alloys)
Amerikanischer Automobilverband	AAA American Automobile Association (gesprochen: Triple A)

Ampère	ampere (amp)
Angebotspreis	asking [price]
Anhängerkupplung	trailer hitch
Anlasser	starter
Antenne	antenna (ant)
Antiblockiersystem	anti lock brake system (ABS)
Anzahlung	deposit
appraisal	Schätzung, Taxierung
Armaturenbrett	dashboard
Armaturenbrettbeleuchtung	dashboard lights
Aschenbecher	ash tray
ASR Antischlupfregelung	limited-slip diffential
Aufmachung	appearance
Auftragsbestätigung	confirmation of order
Auspuff	exhaust
Auspufftopf	muffler
Auspufftopf	silencer
Außenspiegel	outside mirror
Ausstattung	specifications (specs)
Austauschgetriebe	exchange transmission
Austauschmotor	exchange motor

Automatikgetriebe	automatic transmission (a/t) (auto)
Autovermietung	car rental
Barrel (bei Petrolium: 1 Barrel = 159 Liter)	barrel (brl)
Barzahlung	cash sales
Barzahlungsrabatt (Skonto)	off cash sales [z.B.: ...% off cash sales]
Batterie	battery
Baujahr	year manufactured
Bedienungsanleitung	owner's manual
beheizbare Spiegel	heated mirrors
Beleuchtung	lights
Benzin	gas, gasoline, fuel
Benzinschlucker	gas guzzler
Benzinschluckersteuer	gas guzzler tax
bestens gepflegt	super well cared for
Bestzustand	excellent condition (exc. cond.)
Beule	dent
bevorzugt	preferred
Birne	bulb
Birne auswechseln	put in a new bulb

bleifrei	unleaded
Blinklicht	flash light
Bremsbelag	brake lining
Bremse	brake
Bremsflüssigkeit	brake fluid
Bremskraftverstärker	power brake (p/b)
Bremsleistung, Brems-PS	brake horse power (bhp)
Bremslichter	brake lights
Bremsscheibe	brake disc
Bremstrommel	brake drum
Brief (Kfz~)	title (Certificate of Title)
Büro des Staatsanwaltes	Office of the Procecuter
Cabrio	convertible (conv)
Colorverglasung	tinted windows
Colorverglasung	colored windows (col)
Coupé	coupe (cpe)
Dachgepäckträger	roof rack
Decorfelgen	decorative wheels
Deluxe	deluxe (dlx)
Diesel	diesel
Dokumentenakkreditiv	letter of credit (L/C)

DOT Zulassung	DOT release
Dreipunktsicherheitsgurt	lap and diagonal seatbelt
dunkel	dark (dk)
Einspritzung	injection
einstellbar	adjustable (adj)
elektrisch betrieben	power (pwr)
elektrisch verstellbarer Sitz	power seat (p/seat)
elektrisch verstellbarer Spiegel	power mirror
elektrische Fensterheber	power window (p/w)
elektrisches Cabrioverdeck	power top (p/top)
elektrisches Schiebedach	power sunroof (p/sr)
elektronische Benzineinspritzung	electronic fuel injection (EFI)
erhalten [Zustand]	maintained (main)
Ersatzreifen	spare tire
erster Besitzer	first owner
Erstzulassung	first time registered
europäische Ausstattung	European specifications
Extras	options, optional equipment
Extras	loaded
Fahrgestell	chassis

Fahrgestellnummer	vehicle identification number (VIN)
Fahrgestellnummer	serial number (s/n)
Fahrzeug	vehicle
Fahrzeugbrief	title
Fahrzeugschein	vehicle registration document (nur in einigen Staaten)
Felge	rim
Fellsitzbezüge	fur-skinned seats
Festpreis	firm price (fp)
Feuerlöscher	fire extinguisher
Frachtbrief *siehe* Konnossement	
frei an Bord (Verkäufer trägt alle Kosten, bis das Auto an Bord ist.)	free on board (fob)
frei längsseits Schiff (Verkäufer trägt alle Kosten, bis sich das Auto am Schiff befindet).	free alongside ship (FAS)
Frostschutzmittel	anti freeze
Führerschein	driving license
Fuß = 30,5 cm, 1m = 3,218ft	foot (ft)
Fußbremse	foot brake
Fußmatten	floor mats
Fz-Brief	title

Gallone (1 US-Gallone = 3,785 Liter, 1 britische Gallone = 4,546 Liter)	gallon (gal)
Gang	gear
Gang (Geschwindigkeit)	speed (spd)
Ganzjahresreifen	all-season tire
Garantie	warranty (warr)
Gebrauchtwagen	second hand cars
getönte Scheiben	tinted windows
Getriebe	transmission (trans)
Getriebe	gear [box]
Glasdach	fiberglass sunroof
Gürtelreifen	radial tire
Haftpflichtversicherung	liability insurance
Halogenscheinwerfer	halogen headlamps
Handbremse	handbrake
Handelskammer	Chamber of Commerce
Händlereinkaufspreis	dealer invoice
Hardtop	hardtop (hdtp)
Heckmotor	rear engine
Heckscheibe	rear window

Heckscheibenwischer	rear wipers
Heizbare (Heck)scheibe	heated window
hinten	back, rear
Hinterrad	back wheel, rear wheel
Hinterradantrieb	rear wheel drive
Höchstgebot ("oder Höchstgebot")	or best offer (obo) [z.B. 1000 $ or best offer]
Höchstgebot ("oder Höchstgebot")	offer [z.B. 1000 $/offer]
Hupe	horn
Hutablage	hat rack
inklusive Mehrwertsteuer	including tax
Innenausstattung	interior (int)
Innenausstattung	interior equipment
Insassenversicherung	persons insurance (p.i.p.)
Instrumentenbeleuchtung	panel lights
Inzahlungnahme	trade
Kardanwelle	jointed shaft
Kardanwelle	drive train
Karosserie	body, car body
Karosserie	body
Katalysator	catalytic converter

Kaufvertrag	bill of sale
Kennzeichennummer	registration number
Kfz-Brief	title
Kilometerzähler	odometer
Klimaanlage	air condition (a/c) (air)
Kofferraum	trunk
Kofferraum beim Kombi	luggage compartment
Kofferraumabdeckung	tonneau cover
Kolben	piston
Kombi	station wagon
Konnossement (= Frachtbrief im Seegüterverkehr)	bill of lading (b/l)
Kontrolleuchte	dashboard light
Kopfstütze	headrest
Kosten, Versicherung und Fracht	cost insurance freight (cif)
Kotflügel	fender
Kraftstoff	fuel
Kühler	radiator
Kühlwasser	radiator water
Kupplung	clutch
Kurbelwellwelle	crank shaft

Lack	paint
Lackierung	paintwork
Lager (Kugellager, Gleitlager)	beering
Lauffläche (vom Reifen)	tread
Laufleistung (geringe ~)	mileage (low ~)
Lederausstattung	leather interior
Ledersitzbezüge	leather upholstery
leer: die Batterie ist leer	dead: the battery is dead / low
Leerlauf	neutral (gear)
Lenkrad	steering wheel
Lenkung	steering
Lichtmaschine	generator
Liebhaber-, Sammlerstück	collector's item
Liebhaberpreis	collector's price
Lieferwagen	van, truck
Luftdruckmeßgerät	pressure gauge
Luftfilter	airfilter
Marke (Auto, Reifen etc.)	make
Marke (Auto, Reifen etc.)	brand
Maschine	engine (eng)
mechanisch betrieben	manual (man)

mechanisches Schiebedach	manual sunroof (m/sr)
Mehrwertsteuer	sales tax (eigentlich vat = value added tax)
Mehrwertsteuer	value added tax (vat)
Meilenstand (Tacho)	mileage
metallic	metallic (met)
Metallic-Lackierung	metallic paint
Modelljahr	model year
Motorrad	bike
Motorroller	scooter
Nebellampen	fog lamps
Neupreis	new price
Nockenwelle	cam shaft
Notar	public notary
Nummernschilder	licence plates
Öleinfüllstutzen	oil filler
Oldtimer	vintage car
Oldtimer	veteran car
Oldtimer	classic car
Ölwanne	swump
Originalzustand und unfallfrei	numbers match

Parkplatz	car park
Parkplatz	parking lot
Pfund 1lb = 454 g	pound (lb)
platter Reifen	flat tire
Polsterung	upholstery
Polsterung	carpeting
Preisliste	price list
Preisnachlaß	discount
Preisnachlaß	price reduction
Preisnachlaß	rebate
Profil (Reifen)	tread
PS	horsepower (hp) (1 hp entspricht 0,746 kW)
R-Gespräch	collect call
Rabatt siehe Preisnachlaß	
Radio-Cassettenrecorder	radio cassette (r/c)
Radkappen, Radnabenkappen	hub caps
Reifen	tires
Reifen, schlauchloser	tubeless tire
Reifendruck	tire pressure
Reifenprofil	tire tread

Reservekannister	spare can
Ro Ro, roro, = roll on roll off (= auf eigener Achse aufs Schiff)	
rostfrei	rust free
Rückspiegel	rear (view) mirror
Rückwärtsgang	reverse (gear)
runderneuerter Reifen	retread tire
Sammelbegriff für Vans, Geländewagen, Pick-up-Trucks, Großraumlimousine	light duty truck, light truck
Schalter	switch
Schaltgetriebe	manual transmission
Schaltknüppel	gear shift, stick shift
scheckheftgepflegt	full records
scheckheftgepflegt	all records
Scheibenbremsen	disc brakes
Scheibenwischer	wipers, windscreen wipers
Scheinwerfer	headlights, headlamps
Scheinwerferwaschanlage	headlamp washers
Schiebedach	sun roof
Schiffskonossament	bill of laiding (B/L)
Schlauch	tube

schlauchlos	tubeless
Schlüssel (Wagenschlüssel)	car key
schwarz	black (blk)
sehr guter Zustand	very good condition (vg cond)
Seriennummer	serial number (s/n)
Servolenkung	power steering (p/s)
servounterstützte Bremsen	power brakes (p/b)
Sicherung (elektrische)	fuse
Sitz	seat
Sitzheizung	heated seats
Skonto	...% off cash sales
Sonderangebot	special offer
Spedition, Transportunternehmen	carrier
Speditionsübernahme-bescheinigung	dock receipt
Spiegel	mirror
Spureinstellung	wheel alignment
Stahlschiebedach	steel sunroof
Stoßdämpfer	shock absorber
Stoßstange	bumper
Straßenzulassung	street legal

suche (in Annonce)	looking for
super bleifrei	premium unleaded
Tachostand	actual mileage
Tageszulassung	quick title
Tankanzeige	fuel gauge
Tausch: "oder Tausch" (in Annoncen)	possible to trade
Tausend (z.B: Tachostand 42K = 42.000 Meilen)	kilo (K)
Tempomat	cruise control
Tonne 1 ton = 907 kg	ton
Top-Zustand	immaculate condition
Tragfähigkeit	weight bearing capacity
Trommelbremsen	drum brakes
Tür	door (dr)
Türbeleuchtung	curtesy lights
Türschloß	door lock
TÜV fällig	due to technical inspection
Übergabezeitpunkt	time of acceptance / delivery
Umbau	custom made
umgebautes Fahrzeug	custom (cstm)

Umweltbehörde	Environmental Protection Agency (EPA)
unfallfrei	never wrecked
Unfallwagen	crash car
unwiderrufliches Akkreditiv	irrevocable L/C, irrevocabel letter of credit
Unze = 28,35 g	ounze (oz)
Velours	velour upholstery
Ventil	valve
Verbandskasten	first aid kit
verbleit	leaded
Verbrauch (Kraftstoff~, Benzin~)	consumption (fuel ~, gas ~)
Verbundglas	laminated glass
Vergaser	carburator
Verkaufspreis	selling price
Verkehr	traffic
Verkehrsministerium	DOT = Department of Transportation
Verkehrsministerium	Department of Transportation (DOT)
Verladeschein	certificate of receipt
Versicherung	insurance

Versicherungsnummer	insurance number
viele Extras	many extras, loaded
Vierradantrieb	four wheel drive (4wd, vwd)
Viertakt	four stroke
Vollausstattung	fully loaded
Vollrestauration	ground-up restoration
von privat	by private party
Vorderrad	front wheel
Vorderradantrieb	front wheel drive
Vordersitze	front seats
Vorfracht	destination charge
vorläufige Zulassung	weaver
vorläufige Zulassung	temporary registration
vorläufiges Nummernschild	temporary tag
vorläufiges Nummernschild	temporary plate
vorn, Vorder-	front
Wagenheber	jack
Wagenheber mit sehr großem Hub	high-lift jack, kangaroo jack (australisch-umgangssprachlich)
Warndreieck	warning triangle
Wartung	maintenance

Werbeabgaben	advertising fee
Werkzeug	tools
Werkzeugkasten	tool kit
Windschutzscheibe	screen
Winterreifen	snow tires
Wisch-Wasch-Automatik	wash-wipe
Wohnwagen	caravan
Wohnwagen	recriation vehicles (rv)
Yard 1yd = 0,914m	yard (yd)
Zahlung bei Lieferung	collect on delivery (cod)
Zentner	hundredweight (cwt) 1cwt = 50,18kg
Zentralverriegelung	power locks
Zentralverriegelung	central locking system
Zigarettenanzünder	cigarette lighter
Zoll = 2,54 cm 1m = 39,4in	inch (in)
zu verkaufen	for sale
Zubehör	accessories
zugelassen	titled
Zulassung	licensing
Zulassungsstelle	vehicle licence office

Zulassungsstelle	registration office
Zulassungsstelle	Department of Motor Vehicles (DMV)
Zündkerze	spark plug
Zündverteiler	Distributor
zusätzl. Händlerrabatte vom Werk	holdback, auch: dealer's holdback
zusätzlich	additional (addtl)
Zustand	condition (cond)
1 hervorragend	1 excellent
2 erstklassig	2 fine
3 sehr gut	3 very good
4 gut	4 good
5 wiederherstellbar	5 restorable
Zustandsbericht	conditions report
zuzüglich Mehrwertsteuer	plus tax
zwei obenliegende Nockenwellen	dual overhead cam shafts (dohc)
Zweiradantrieb	two-wheel-drive (2wd, twd)
Zweitakt	two stroke
Zylinder	cylinders (cyl)

Phrasen für die Verhandlung

I see no car advertised in excess of $ 20.000.	Ich finde keine Annonce mit einem Preis über $ 20.000.
I see one car advertised at $ 10.000, one at $11.000...	Ich sehe eine Annonce mit $ 10.000, eine mit $ 11.000...
The one that sold for more than yours probably was worth more because...	Das Auto, das teurer verkauft wurde, war wahrscheinlich mehr wert, weil...
My guide book quotes prices for cars in that condition at ...	Meine Preisliste nennt für Autos in diesem Zustand Preise von ...
Does that sound acceptable to you?	Könnten Sie damit leben?
I can only accept that price if you pay for my airfare.	Ich kann diesen Preis nur akzeptieren, wenn Sie meinen Flug bezahlen.
I'm not interested in paying any more than $ 10.000 for the car.	Ich will keinesfalls mehr als $ 10.000 für das Auto bezahlen.
I have checked out other cars in this condition and at that price.	Ich habe auch andere Autos in diesem Zustand und für diesen Preis angesehen.
I've called on a few that sounded close.	Ich habe bei einigen angerufen, die ähnlich zu sein schienen.
For how much has it sold?	Für wieviel wurde es verkauft?
The car will remain on the market for months.	Das Auto wird monatelang nicht verkauft werden.

Phrasen am Telefon

Fine – but this still doesn't make it a good buy.	Schön – aber dadurch wird es immer noch kein guter Kauf.
I'd like to ask you a few questions about the car, please.	Ich würde Sie gern ein paar Kleinigkeiten über das Auto fragen.
Would you leave me your number?	Kann ich bitte Ihre Nummer aufschreiben?
When can I expect your call?	Wann kann ich mit Ihrem Rückruf rechnen?
Sorry, but I can't make a blind offer.	Ich kann leider kein Angebot machen, ohne das Auto gesehen zu haben.
Is the car still available?	Ist das Auto noch da?

Odometer Statement

Nur mit einer Bescheinigung des Verkäufers, daß der Kilometerstand des verkauften Fahrzeugs korrekt ist, haben Sie eine Chance, sich auf diese Angaben zu berufen. Lassen Sie den Verkäufer bei einem Gebrauchtwagen (auch Mietwagen etc.) daher auf jeden Fall eine Kilometerbescheinigung (*odometer statement*) unterschreiben. Diese sollte folgende Angaben enthalten:

Date: <Datum der Erklärung>

Year, Make, Model, Serial #: <Baujahr, Marke, Typ, Seriennummer des betroffenen Fahrzeugs>

The above described vehicle with mileage indicated hereon of <Kilometerangabe laut Kilometerzähler> is...

correct.

correct to the best of my knowledge.

incorrect due to inoperability or odometer replacement and the estimated corrected mileage is .... .

in excess of 100,000 miles plus the mileage indicated.

....

Seller Witness

Adressen

US-Händler

Ambassador Exporters International
Mr. Rick Donoho
830 East Fox Street
South Bend, Indiana 46613
Tel: 219/2888479
Recreation Homes

American Auto Export Co.
Richard A. Evashko
12303 Carrol Street
Baltimore, MD 21230
Tel: 301/6857246
Fax: 301/7275250

American Auto Exporters
Russ Houser
General Partner
P.O. Box 5043
Pleasanton, CA 94566
Tel und Fax: 415/4625673

American Export Corporation
Robert Gallmann
330 Washington St – Fourth Floor
Marina Del Rey, CA 90292
Tel: 213/8221076
Fax: 213/3050462

Approved Auto of America
Mr. Leonard Shcillaci
15 Shem Drive
Mt. Preasant, South Carolina 29464
Tel: 803/7227333
Fax: 803/7231780

ATI American Trade International Corp.

Mr. Justin E. Milauckas

8565 Burlington Court

Manassas, Virginia 22110

Tel: 703/3692906

Fax: 703/3690297

Autodesk, Inc.

Mr. Courtney Benvenuti

2320 Marinship Way

Sausalito, CA 94965

Tel: 415/3322344

Fax: 415/3318093

Auto Exports U.S.A.

Andrew C. Leventhal

6503 N. Military Trail 4106

Boca Raton, FL 33496-2619

Tel: 407/9946571

Fax: 407/7363506

Auto Van-Go, Inc.

Charles J. Newman

767 Delano Road

Yorktown HTS., NY 10598

Tel: 914/9620247

Fax: 914/9626502

B & B Luxury Auto Exports

Gary Baker

Suite 1260

Vancouver, WA 98665

Tel: 206/5738628

Blue Marble Trading Company

Mr. Mark B. Welsh

1101 Hillsborough Street, Suite F4

Raleigh, NC 27603

Butch Calmes Corvettes

Att. Mr. Ray Holifield / Mr. Butch Calmes

2323 Florida Boulevard

Denham Springs, Louisiana 70726

Tel: 504/6646114

Carl Burgers Dodge World

Chuck Hartle

Highway 8, Jackson Drive

La Mesa, CA 92041

Tel: 619/4604011

Cherokee Export Co.

Ivan G. Motta

1787 Northwest 79th Avenue

Miami, FL 33126

Tel: 305/4772425

Fax: 305/4772930

Columbian Import & Export Co.

Carlos I. Gomez

8313 Buhman Ave.

Rico Rivera, CA 90660

Tel: 213/9495691

Fax: 213/9498577

Global Manufacturing Corp. (Van Conversions)

Lori Zeiler

57642 C.R. 3 South

Elkhart, IN 46517

Tel: 219/2939793

Holt Foreign Trade

John P. Oeth

3777 C Balboa Terrace

San Diego, CA 92117

Tel: 619/4835480

Justin T. Hunt

3515 Monroe Street

Columbia, SC 29205

Tel: 803/2568474

Fax: 803/7797309

Interiors International Incorporated
Jerrold E. Coy
9000 East Chenango Ave.
Englewood, Colorado 80111
Tel: 303/6942255
Fax: 303/6944355

International Business Development Group
Mr. Joseph F. Kushi
P.O. Box 4884
Pittsfield, MA 01202
Tel: 413/4996703
Fax: 413/4425088

Jordan Industries, Inc.
Mr. Andrew W. Rice
Arbor Lake Centre, Suite 300
1751 Lake Cook Road
Deerfield, IL 60015
Tel: 708/9457904
Fax: 708/9455698

Jonathan G. Kogon, Inc.
Jonathan G. Kogon, Sr.
Speciality Vehicles International
P.O. Box 10070
McLean, Virginia 22102
Tel: 703/8210610
Fax: 703/8213236
Vans

John Kook Enterprises
Bruce Pitts
2901 Ponce de Leon Blvd.
St. Augustine, FL 32084
Tel: 904/8293414

KWTC
Edward Koehler
735 Oak Park Circle
Merritt Island, FL. 32953
Tel: 407/4521120

Lancaster Toyota Mazda Inc.,
Mr. John Seyfert
5270 Manheim Pike
East Petersburg, PA 17520
Tel: 717/5697371
Fax: 717/5699244

Mac Arthur & Company
Robert S. Mac Arthur
29 Plymouth Road
Darien, CT 06820
Tel: 203/6557175

Met International
Mark Thompson
P.O. Box 4177
Timonium, MD 21093-9998
Tel: 301/6663611

Michigan Motorcars
Richard A. Horan
3839 Plainfield Avenue, N.E.
Grand Rapids, MI 49505
Tel: 616/3636841

Midway Ford Truck Center, Inc.
Att. Fred Wilson
7601 N.E. 38th Street
Kansas City, Missouri 64161
Tel: 816/4553000
Fax: 816/4543796
Campers/Trucks/Vehicles/All Vehicles

Pennsylvania Motor Car Company
Mr. Peter Brotman
1340-48 South Thirteenth Street
Philadelphia, PA 19147
Tel: 215/4637800
Fax: 215/4630291

Recreative Industries
Sidney Wallach
60 Depot Street
Buffalo, NY 14206
Tel: 716/8552226
Motorcycles

Parker Robb
Full Service Fleet and Leasing
Harrie M. Valec
1707 N. Main St., P.O. Box 5500
Walnut Creek, CA 94596
Tel: 415/9346000
Fax: 415/9353876
Chevrolet/Pontiac/Buick

Satellite International
Mrs. Diane D. Saracino
5184 Nesconset HWY.
Port Jefferson Sta., N.Y. 11776
Tel: 516/3319792
Fax: 516/3312882

Superior Auto Sales, Inc.
Richard J. Izzo
5201 Camp Road
Hamburg, NY 14075
Tel: 716/6496695
Fax: 716/6492375

Taline
Chahe Ohannessian
1508 Woodcreek
Richardson, TX 75081
Tel: 214/6693850

Weebe Enterprises
Dave Thomas
P.O. Box 568543
Orlando, FL 32806
Tel und Fax: 407/8966017

U.S. Specialty Auto Export Company
Roy E. Davis
7720 Aubrey Lane
Fort Worth, Texas 76180
Tel: 817/6568898
Fax: 817/6563324

World of Wheels
Mark B. Welsh
6616 Six Forks Road, Suite 101
Raleigh, NC 27615
Tel: 919/8489400
Fax: 919/8461741

Harley Davidson Motorcycles
Barnett Harley Davidson
9501 Montana,
El Paso, TX 79925
Fax: 915/5918889

Hacienda Harley-Davidson
918 Thatcher Blvd.
Safford, AZ 85546
Tel: 602/4284700

Yarock Music & Motorcycles
8149 N.W. 103rd Street
Hialeah Gardens, FL 33016

Trucks/Lastwagen

Borkon Truckarama
Mr. J.H. Borkon
Rt 73 North & High Street
Maple Shade, NJ 08052
Tel: 609/7792500
Fax: 609/7790930

Ersatzteile

Express Parts
Dennis Stanley
17851 Englewood Dr.
Cleveland, OH 44130
Tel: 216/2348381
Fax: 216/2342660

Midway Ford Truck Center, Inc.
Att. Fred Wilson
7601 N.E. 38th Street
Kansas City, Missouri 64161
Tel: 816/4553000
Fax: 816/4543796

Speditionen

Max Grünhut Spedition

C.T. Nordhafen

Gatehouse 3 27568 Bremerhaven

Tel: 0471/40097

Fax: 0471/412055

E. H. Harms GmbH und Co. Spedition

Hauptstr. 132

28816 Stuhr-Seckenhausen

Tel: 0421/899070

ITF Caretrans Spedition

Spaldingstraße 130

20097 Hamburg

Tel: 040/231082

Fax: 040/234749

EuroFlott-AutoService

Volker Risse & Cay Engelstädter GbR

Im Herrental 39

53489 Sinzig/Rhein

Tel. 02642/981020

Fax 02642/981021

(PKW- und Motorradtransporte, national und international)

Umrüster

Die Autogarage

Hr. Niehüser

Odenwaldstr. 3

63533 Mainhausen

Tel: 06182/21889

Fax: 06182/28945

Reifen-, Felgen-, Vergaser- und Auspuffprofis

Firma Pinno Spezial
Inh.: Jürgen Pinno
SandhoferStr. 35 – 37
68305 Mannheim
Tel: 0621/757581
Fax: 0621/744953

Firma Geiger
Manfred Schechner
Trudinger Str. 265
81825 München
Tel: 089/429288
Tel: 089/423152

Firma ASP, Fromm & Co
Dielheimer Str. 39
69168 Wiesloch
Tel: 06222/52021
Fax: 06222/52027

US-Zeitschriften zur Preisermittlung

Auto Price Almanac
Pace Publications Inc.
1020 North Broadway, Suite 111
Milwaukee, WI 53202
Preis $ 4,95, ISSN 1042-6205
Tel: 414/2729977

Automotive News
1400 Woodbridge
Detroit, Michigan 48207
Preis 2,00$, ISSN 0005-1551
Tel: 313/4460480

Consumer Guide AUTO
Louis Weber C.E.O
Publications Int. Ltd.
7373 N. Cicero Lincolnwood, IL. 60646
Preis 6,95$
Tel: 708/6763470

Car and Driver Buyer's Guide New Cars

Hachette Magazines Inc.

1633 Broadway

New York, New York 10019

Preis 4,95

Cycle World

Motorcycle Buyer's Guide,

Hachette Magazines, Inc.

1633 Broadway

New York, New York 10019

Preis 3,95

Computer Programm "Black Magic"

National Auto Research

P.O. Box 758

Gainesville, GA 30503-0758, Tel: 404/5324111

Fax: 404/2870585

US-Annoncenblätter

Autos unlimited

Nagle Publications Inc.

P.O. Box 663

Dubuque, IA 52001

Tel: 319/5834511 Landesweiter Fotoanzeiger

Hemmings Motor News HMN Advertising

Box 380

Bennington, VT 05201

Tel: 802/4423101 Landesweite Angebote für

Sehr umfangreiche Anzeigenzeitschrift für Sammlerstücke und Raritäten, erscheint monatlich, erhältlich an guten Kiosks.

Antique, Custom & Sportscar Trader

Stuart W. Arnold, P.O. Box 9003

Clearwater, FL 34618-9003

Tel: 813/5355551

Fotoanzeiger Südwesten

Auto Trader
Trader Publishing Company
P.O. Box 9003
Clearwater, FL 34618-9003
Tel: 813/5355551
Fotoanzeiger für Nord-Florida

Old Car Book
P.O. Box 9003
Clearwater, FL 34618-9003
Tel: 813/5355551
Landesweiter Fotoanzeiger

Classic Cars National Buyers Guide
P.O. Box 3156 Bloomington, IL 61702
Tel: 309/8295214
Fax: 309/8277595
Landesweiter Fotoanzeiger

Deals on Wheels
P.O. Box 205
Sioux Falls, SD 57101 Tel: 605/3387666
Fax: 605/3385337Landesweiter Fotoanzeiger

Auto Trader
P.O. Box 22-0730
Hollywood, FL 33022, Tel: 305/9270040
Fotoanzeiger für Süd-Florida

Auskunfts- und Kontaktadressen in den USA

American Automobile Association (AAA)
1000 AAA Drive
Heathrow, FL. 32746-5063
Tel: 407/4447000
Fax: 407/4447380

Automobile Concepts
Ramez Wahab
120 N 36th S
Miami, Florida 33127
Tel: 305/5719242
Fax: 305/5718268

Botschaft der BR Deutschland
4645 Reservoir Road
NW Washington, D.C. 20007
Tel: 202/2984000

Deutsch-Amerikanische Handelskammer
666 Fith Avenue
New York, N.Y. 10103
Tel: 212/9748830 oder 8867

EPA – Headquarter
Washington D.C.
Tel: 202/3822505
Fax: 202/3822078

International Chamber of Commerce (ICC)
38, Cours Albert 1er
F-75008 Paris
Tel +33/1/49532828
Fax +33/1/49532942
Deutsche Vertretung:
Vertriebsdienst der internationalen Handelskammer
Kolubiastr. 5
50667 Köln
Herausgeber der Incoterms

United States Department of Transportation (DOT)
400 7th Street SW
Washington, DC 20590
Tel. (202) 366-4000

Auskunfts- und Kontaktadressen in Deutschland

ADAC

Frau Brigitte Werner

Abt. Grenzverkehr

Am Westpark 8

81373 München

Tel: 089/7676-1

(Durchwahl Frau Werner -6331)
Fax: 089/7676-2500 oder jede örtliche Geschäftsstelle (bitte keine Auskunft über Händleradressen)

Amerika-Haus

Frankfurt/Main

Tel. 069/971448-0

Business Information Service

Tel. 069/175656

Bundesrechtsanwaltskammer

Joachimstr. 1

53113 Bonn

Tel. 0228/911860

Bundesverband freier Kfz-Importeure e.V.

Postfach 1343

24903 Flensburg

(kein Tel.)

Bundesverband der Deutschen Industrie e.V.

Simrockstr. 21

53113 Bonn

Tel. 0228/210061

Bundesverband Deutscher Motorveteranen-Clubs

(DEUVET)

Frankenforster Str. 2

51427 Bergisch-Gladbach

Tel. 02204/61346

Bundesverband des Deutschen Groß- u. Außenhandels (BGA) e.V.

Bonner Talweg 57

53113 Bonn

0228/26004-0

Bundesverband deutscher Banken e.V.

Walter-Flex-Str. 2

53113 Bonn

0228/232522

Bundesverband

Spedition u. Lagerei e.V. (BSL)

Weberstr. 77

53113 Bonn

0228/210095

Deutscher Anwaltverein e.V.

Adenauerallee 106

53113 Bonn

Tel. 0228/2607-0

Fax 0228/2607-46

Deutscher Industrie- u. Handelstag

Adenauerallee 148

53113 Bonn

Tel. 0228/104-0

Fax 0228/104-158

Eins & Eins Telekommunikation GmbH

Elgendorfer Str. 55

56410 Montabaur

Tel. 02602/1600-04

Florida Automobile Club Inc.

Herrn H.-D.Thiel

Preußenstr. 12

42389 Wuppertal

Tel: 0202/600050, 600958 und 600059

Fax: 0202/605195

Gesamtverband der Deutschen Versicherungswirtschaft e.V.

Walter-Flex-Str. 3

53113 Bonn

0228/9162-0

Kraftfahrtbundesamt (KBA)

Waitzstr.

24937 Flensburg

Tel: 0461/316-0

Fax: 0461/316-1650, -1278 und -386

TopWare Direktmarketing AG

Hervester Str. 36

46286 Dorsten

Fax 02369/916790

TÜV Mannheim

Homologationsabteilung

Herr Kuno Keth

Dudenstraße 28

68167 Mannheim

Fax: 0621/395516

Übersetzungsdienst Elling

Niddastr. 66 – 68

60329 Frankfurt

Tel: 069/550126

Universität Karlsruhe

Lichttechnisches Institut Abt. Prüfstelle

Karlsruhe

Kaiserstr. 12

76128 Karlsruhe

Tel: 0721/608255-1

Verband Deutscher Reeder e.V.

Esplanade 6

20354 Hamburg

Tel. 040-35097-0

Zentralverband Deutsches Kraftfahrzeuggewerbe e.V.

(ZDK)

Frank-Lohe-Str. 21

53129 Bonn

Tel: 0228/26001-0

Preisinformation in Deutschland

Deutsche Automobil-Treuhand GmbH (DAT)

Wollgrasweg 43

70599 Stuttgart

Tel: 0711/4503-0

Fax: 0711/4586340

EurotaxSchwacke GmbH

Wilhelm-Röntgen-Str. 7

63477 Maintal

Tel: 06181/405-0

Fax: 06181/405111

Auskunft über Leuchtweitenregulierung

Baden-Württemberg

Verkersministerium

Tel: 0711/644-0 (Vermittlung)

Hr. Dr. Surwald -2181

Bayern

Bayrisches Staatsministerium für Wirtschaft und Verkehr

Tel: 089/2162-01 (Vermittlung)

Hr. Dr. Zeiselmaier -2313

Berlin

Senat für Verkehr

Tel: 030/2122-0 (Vermittlung)

Fr. Schult oder

Hr. Wolter -2390

Brandenburg

Ministerium für Stadtentwicklung und Verkehr

Tel: 0331/287-2500

Bremen

Zulassungsstelle

Tel: 0421/361100-58 (Vermittlung)

Hr. Kanning -56

Hamburg

Zulassungsstelle
Tel: 040/2577-0 (Vermittlung)
Hr. Lindner -2668

Hessen

Ministerium für Wirtschaft, Verkehr, Technologie und Europaangelegenheiten
Tel: 0611/8150-0 (Vermittlung)
Hr. Kirchner -2668

Mecklenburg-Vorpommern

Ministerium für Wirtschaft und Angelegenheiten der Europäischen Union
Tel: 0385/588-0 (Vermittlung)
Hr. Kluwe -5657

Niedersachsen

Ministerium für Wirtschaft, Technologie und Verkehr
Tel: 0511/120-1 (Vermittlung)
Hr. Fischer -6491 oder
Hr. Hartmann -6487

Nordrhein-Westfalen

Die jeweils zuständigen Zulassungsstellen

Rheinland-Pfalz

Die jeweils zuständigen Bezirksregierungen (Regierungspräsidien)

Saarland

Ministerium für Wirtschaft
Tel: 0681/501-1 (Vermittlung)

Sachsen

Staatsministerium für Wirtschaft und Arbeit Tel: 0351/564-0 (Vermittlung)

Fr. Zscharschurch -8537

Sachsen-Anhalt

Ministerium für Wirtschaft, Technologie und

Verkehr

Tel: 0391/567-02 (Vermittlung)

Hr. Brandt -2362

Schleswig-Holstein

Ministerium für Wirtschaft, Technik und Verkehr Tel: 0431/596-1 (Vermittlung)

Hr. Wimmers -3964

Thüringen

Ministerium für Wirtschaft und Verkehr Tel: 0361/342-0 (Vermittlung)

Hr. Dr. Spaethe -2544

Hersteller und Importeure

Automobile

Alfa Romeo

siehe Fiat

Alpina

Burkard Bovensiepen GmbH + Co.

Alpenstr. 37

86807 Buchloe

Tel: 08241/5005-0

Fax: 08241/500555

ARO

Deutschland Allradfahrzeuge Vertriebs GmbH

Mühlenstr. 31

01809 Heidenau

Tel: 03529/586283

Fax: 03529/586375

Asia Motors

siehe KIA

Audi AG

Postfach 220

85045 Ingolstadt

Tel: 0841/89-0

Fax: 0841/893805

BMW

Bayerische Motorenwerke AG

Petuelring 130

80809 München

Tel: 089/382-0

Fax: 089/38955858

Bugatti

Auto König

Gutenbergstr. 11

85646 Anzing

Tel: 08121/42765

Fax: 08121/42720

Buick

siehe General Motors

Cadillac

siehe General Motors

Chevrolet

siehe General Motors

Chrysler

Import Deutschland GmbH

Chrysler Str. 1

50170 Kerpen

Tel: 02273/957-0

Fax: 02273/957101

Citroën

Deutschland AG

Nikolausstr. 84 – 90

51123 Köln

Tel: 02203/44-0

Fax: 02203/44348

Daewoo

Automobile Deutschland GmbH

Borsigstr. 15

65205 Wiesbaden

Tel: 06122/993-0

Fax: 06122/993102

Daihatsu
Deutschland GmbH
Industriestr. 5-11
47918 Tönisvorst
Tel: 02151/705-0
Fax: 02151/700974

De Tomaso
Walter Wolf Autohandel GmbH
Bahnstr. 16
40212 Düsseldorf
Tel: 0211/322222
Fax: 0211/135367

Ferrari
Deutschland GmbH
Stielstr. 3b
65201 Wiesbaden
Tel: 0611/28409-0
Fax: 0611/2840999

Fiat
Automobil AG
Salzstr. 140
74076 Heilbronn
Tel: 07131/107-0
Fax: 07131/163791

Ford
Werke AG
Henry-Ford-Str. 1
50735 Köln
Tel: 0221/90-0
Fax: 0221/7122346

General Motors
Import & Distribution GmbH
Eisenstr. 3
65428 Rüsselsheim
Tel: 06142/602-0
Fax: 06142/602325

Honda
Deutschland GmbH
Sprendlinger Landstr. 166
63069 Offenbach
Tel: 069/8309-0
Fax: 069/832020

Hyundai
Motor Deutschland GmbH
Neckargartacher Str. 75
74172 Neckarsulm
Tel: 07132/487-0
Fax: 07132/48725

Jaguar
Deutschland GmbH
Frankfurter Str.
61476 Kronberg
Tel: 06173/705-0
Fax: 06173/705100

KIA
Deutsche Automobil GmbH
Liliencronstr. 25
21629 Neu Wulmstorf
Tel: 040/70079-02
Fax: 040/70079400

Lada
Deutsche Lada Automobil GmbH
Liliencronstr. 25
21629 Neu Wulmstorf
Tel: 040/70079-0
Fax: 040/7007204

Lamborghini
Auto König
Gutenbergstr. 11
85646 Anzing
Tel: 08121/42765
Fax: 08121/42720

Lancia
siehe Fiat

Lexus

siehe Toyota

Lotus

siehe Lamborghini

Mahindra

HCL-Steel GmbH

Kaiserstr. 50

40479 Düsseldorf

Tel: 0211/494313

Maserati

Italia-Automobil GmbH

Gutenbergstr. 11

85646 Anzing

Tel: 08121/427-0

Fax: 08121/42720

Mazda

Motors Deutschland GmbH

Hitdorfer Str. 73

51371 Leverkusen

Tel: 02173/943-0

Fax: 02173/943317

Mercedes Benz AG

Mercedesstr. 136

70327 Stuttgart

Tel: 0711/17-0

Fax: 0711/1758893

Mitsubishi

MMC-Auto Deutschland GmbH

Hessenauer Str. 2

65468 Trebur

Tel: 06147/207-01

Fax: 06147/207220

Morgan
Merz & Papst Automobile
Alexanderstr. 46
70182 Stuttgart
Tel: 0711/233111
Fax: 0711/233638

Nissan
Motor Deutschland GmbH
Nissanstr. 1
41468 Neuss
Tel: 02131/388-0
Fax: 02131/37880

Opel
Adam Opel AG
Bahnhofsplatz 1
65428 Rüsselsheim
Tel: 06142/66-0
Fax: 06142/665303

Peugeot
Deutschland GmbH
Saargemünder Str. 247
66119 Saarbrücken
Tel: 0681/879-0
Fax: 0681/879555

Pontiac
siehe General Motors

Porsche
Ferdinand Porsche AG
Porschestr. 42
70435 Stuttgart
Tel: 0711/827-0
Fax: 0711/8275888

Proton
Automobil Import GmbH
Pfingstweide 30
61169 Friedberg
Tel: 06031/793-0
Fax: 06031/793111

Renault

Deutsche Renault AG

Kölner Weg 6 – 10

50321 Brühl

Tel: 02232/73-0

Fax: 02232/73226

Rolls Royce

Auto Becker GmbH & Co. KG

Suitbertusstr. 150

40223 Düsseldorf

Tel: 0211/9331-01

Fax: 0211/334179 oder 343051

Rover

Deutschland GmbH

Forumstr. 22

41468 Neuss

Tel: 02131/938-0

Fax: 02131/938333

Saab

Deutschland GmbH

Siemensstr. 14

61352 Bad Homburg

Tel: 06172/900-0

Fax: 06172/900201

Ssang Yong

Pestalozzistr. 25

47803 Krefeld

Tel: 02151/895-0

Fax: 02151/895245

Seat

Deutschland GmbH

Starkenburgstr. 10

64546 Mörfelden-Walldorf

Tel: 06105/208-0

Fax: 06105/208113

Skoda
Automobil Deutschland GmbH
Brunnenweg 15
64331 Weiterstadt
Tel: 06150/133-0
Fax: 06150/133199

Subaru
Deutschland GmbH
Mielestr. 6
61169 Friedberg
Tel: 06031/606-0
Fax: 06031/12945

Suzuki
Auto GmbH
Mittenheimer Str. 60
85764 Oberschleißheim
Tel: 089/31563-0
Fax: 089/3150639

Talbot
siehe Peugeot

Toyota
Deutschland GmbH
Bachemer Landstr. 2
50858 Köln
Tel: 02234/102-0
Fax: 02234/1027

TVR
ACB-Generalimport-Sport-Auto GmbH
Westerwaldstr. 82
65549 Limburg
Tel: 06431/27018
Fax: 06431/27318

Venturi
Elia Motorsport GmbH
Mühlweg 17
90556 Hiltmannsdorf
Tel: 0911/75298-1
Fax: 0911/7540903

Volvo
Deutschland GmbH
Ringstr. 38-44
50996 Rodenkirchen
Tel: 0221/9393-255
Fax: 0221/9393109

VW
Volkswagen AG
Postfach
38436 Wolfsburg
Tel: 05361/90
Fax: 05361/928282

Motorräder

Aprilia
siehe Moto Guzzi

Binelli
Zweirad Röth GmbH & Co KG
Schulstr. 6
64689 Hammelbach
Tel: 06253/4036
Fax: 06253/1671

Bimota
Reinhold Kraft GmbH
Kemptener Str. 54
88299 Leutkirch
Tel: 07561/8265-0
Fax: 07561/826543

BMW Motorrad GmbH & Co
Peturelring 130
80788 München
Tel: 089/382-0
Fax: 089/38955858

Cagiva
DNL Motorrad GmbH
Sandstr. 13
50226 Frechen
Tel: 02234/12043
Fax: 02234/55554

Ducati
siehe Cagiva

Harley Davidson GmbH
Starkenburgstr. 12
63546 Mörfelden
Tel: 06105/284-0
Fax: 06105/284199

Honda
Deutschland GmbH
Sprendlinger Landstr. 166
63069 Offenbach
Tel: 069/8309-0
Fax: 069/832020

Kawasaki Motoren GmbH
Max-Planck-Str. 26
61381 Friedrichsdorf
Tel: 06172/734-0
Fax: 06172/734-160

Malaguti
Deutschland
Niedervellmarer Str. 45
34127 Kassel
Tel: 0561/89180-0
Fax: 0561/8900798

Moto Guzzi
A + G Motorrad Vertrieb GmbH
Sunderweg 2
33649 Bielefeld
Tel: 0521/44703-0
Fax: 0521/4470333

MZ
MuZ Motorrad- und Zweirad-werk GmbH
Alte Marienberger Str. 30 – 35
09401 Zschopau-Hohndorf
Tel: 03725/49-0
Fax: 03725/49150

Hercules
Nürnberger Werke GmbH
Hanauer Landstr. 360 – 400

90327 Nürnberg
Tel: 0911/4231-0
Fax: 0911/4231300

Piaggio
Deutschland GmbH
Postfach 43
86416 Diedorf
Tel: 08238/3008-0

PGO
Samsung Deutschland GmbH
Mergenthalerallee 38-40
65760 Eschborn
Tel: 06196/909835

Suzuki
Deutschland Motor GmbH
Tiergartenstr. 8
64646 Heppennheim
Tel: 06252/705-0
Fax: 06252/74621

Triumph
Motorrad Deutschland GmbH
Siemensstr. 1
61191 Rosbach
Tel: 06003/8981, -82, -83, -84
Fax: 06003/8985

Vespa GmbH
Industriestr. 8
86416 Diedorf
Tel: 08238/3008-0
Fax: 08238/7834

Yamaha
Mitsui Maschinen GmbH
Hellersbergstr. 9
41410 Neuss
Tel: 02131/164-0
Fax: 02131/164129

Freie Importeure

ABM GmbH

Juteweber Str. 5

48432 Rheine

Tel: 05975/9288-0

Fax: 05975/928888

ADI Automobil-Direkt Import GmbH

Niederrheinstr. 290

40489 Düsseldorf

Tel und Fax: 0211/404832, 252434

American Car Show

Ulrich F.W. Böhmer

Oberbilker Allee 57

40223 Düsseldorf

Tel: 0211/340055, 222040, 9868333

Automobile

Allrad-Center Siegen GmbH

Hagener Str. 38

57072 Siegen

Tel: 0271/4032-0

Artz Europäischer Fahrzeugmarkt

Junkersstr. 11

30179 Hannover

Tel: 0511/67891-0

Fax: 0511/631022

Aucotras

Hauptstr. 29 A

54426 Naurath Wald

Tel: 06509/9143-0

Fax: 06509/914314

Auto-Deichen

Ulmenring 8 B

15749 Rotberg Berlin

Tel: 033762/68293

Fax: 033762/68294

Auto-Discount Hürup

Butterkuhle 1

24975 Hürup

Tel: 04634/93731-1

Fax: 04634/1369

Auto-Fox Automobile GmbH & CoKG

Wiesbadener Str. 91

6503 Mainz-Kastel

Tel: 06134/304-1

Fax: 06134/3045

Auto-Friesen GmbH

Postfach

66415 Hornburg-Einöd

Tel: 06848/7002-0

Fax: 06848/700210

Auto Galerie Russee

Rendsburger Landstr. 331

24111 Kiel

Tel: 0431/69070-0

Fax: 0431/698995

Auto-Gaßner

Waldanger 14 – 16

91257 Pegnitz-Neudorf

Tel: 09241/7779

Fax: 09241/7776

Auto Reck

Merkische Str. 4a-6

46117 Oberhausen

Tel: 0208/893588

Autohaus Anclam

Bauweg 28

30453 Hannover

Tel: 0511/2103283

Fax: 0511/2103619

Autohaus Brüggemann

Rheiner Str. 155

48432 Rheine

Tel: 05975/304-0

Fax: 05975/30463

Autohaus Heinle GmbH
Münchner Str. 5
82057 Icking
Tel: 08178/561-1

Autohaus Dieter Hermdorff GmbH
Utbremer Str. 23
28217 Bremen
Tel: 0421/393069
Fax: 0421/391653

Autohaus Hoffmann GmbH
Helmstedter Str. 11
38448 Wolfsburg Vorsfelde
Tel: 05363/1057
Fax: 05363/40677

Autohaus Kilian
Lenkersheimer Str. 18
90431 Nürnberg
Tel: 0911/327264
Fax: 0911/317259

Autohaus Nissen
Haftlund 13
24972 Steinbergkirche
Tel: 04632/1204
Tel: 04632/1400

Autohaus Petersen
Haupstr. 2
24887 Silberstedt
Tel: 04626/1062
Fax: 04626/549

Auto Kathöfer GmbH
Schürmannstr. 18
45136 Essen
Tel: 0201/89515-0
Fax: 0201/251833

Automarkt im Odenwald GmbH
Industriestr. 3
69509 Mörlenbach
Tel: 06209/7155-0
Fax: 06209/715555

Automarkt 2000 GmbH
Waldshuter Str. 41
79761 Waldshut-Tiengen
Tel: 07741/6802-0
Fax: 07741/680252

Automobile Dyck
Tannenheide 375
32369 Rahnden
Tel: 05771/60137
Fax: 05771/60578

Automobile Spatz
Windischhausen 21
91757 Treuchtlingen
Tel: 09142/78-1
Fax: 09142/6549

Automobilvertriebs GmbH Bogdan
Zeppelinstr. 1
96052 Bamberg
Tel: 0951/9429-0
Fax: 0951/942980

Auto Rüsch
Redtenbacher Str. 3
45133 Essen
Tel: 0201/41205-1
Fax: 0201/441395

Autovertrieb Schmidt GmbH
Lübbertsfehnerstr. 26
26632 Ihlow
Tel: 04945/311
Fax: 04945/202

Auto Wappler
Mainzer Str. 31
65599 Domburg Langendern-bach
Tel und Fax: 06436/4362

AWF-Autowelt FHGmbH
Marienberger Str. 7
38122 Braunschweig
Tel: 0531/870013
Fax: 0531/87084

Peter Bauer
Pforzheimer Str. 30
75236 Kämpfelbach-Ersingen
Tel: 07231/88333
Fax: 07231/88249

BJS Impex
Ochsenweg 61A
24955 Harrislee
Tel: 0461/78191, 78877
Fax: 0461/78605

BPV Jörg Böttcher
Krummölser Str. 16
53604 Bad Honnef
Tel: 02224/82274
Fax: 02224/80434

Brock Automarkt
Dieselstraße 38
38446 Wolfsburg
Tel: 05361/858-0
Fax: 05361/53905

Carat Tour HandelsgmbH
Kufsteiner Str. 18
83088 Kiefersfelden
Tel: 08033/7054
Fax: 08033/7056

Cars exclusive by Hess GmbH
Röhrsdorfer Allee 6
09247 Röhrsdorf
Tel und Fax: 03722/500218

Johann Daffner GmbH
Hauptstr. 16
92358 Seubersdorf
Tel: 09497/340, 1414, 1601

EG-Agentur Bergerhausen
Albert-Kindle-Str. 25
50859 Köln
Tel: 02234/7443-0
Fax: 02234/72784

EG Autocenter E.P. Collas GmbH

Johann-Pullem-Str. 13

50999 Köln

Tel: 02236/68774

Fax: 02236/61160

EG-Neuwagen Discount

Gunnar Linde

Tangstedter Weg 33

22397 Hamburg

Tel: 040/6074993

Fax: 040/6072837

EMA Europa-Markt-Automobile GmbH

Emscherstr. 10

45891 Gelsenkirchen

Tel: 0209/97068-0

Fax: 0209/7906832

EU Import GmbH

Adenauerallee 4-6

53133 Bonn

Tel: 0228/210055

Fax: 0228/210056

Euro Import-Service

Handwerkstr. 3

18069 Rostock

Tel und Fax: 0381/7699604

Euro-Auto-GmbH E.I. GmbH

Segeberger Chaussee 188

22851 Norderstedt

Tel: 040/5292581

Fax: 040/5292674

Eurobil EG-Neuwagen

Sewanstr. 2

10319 Berlin

Tel: 030/5153323

Fax: 030/5153324

Euro Cars Schwerin
Rogahner Str. 3
19061 Schwerin
Tel: 0385/611538
Fax: 0385/613185

Thomas Exner Autoservice
Im Unteren Stichel 11
61350 Bad Homburg
Tel: 06172/36545
Fax: 06172/937172
Mobil-Tel: 0161/2634220

Th. Fiolka Kraftfahrzeugvermittlung
Lennestr. 3
58507 Lüdenscheid
Tel: 02351/9292-0
Fax: 02351/13035

gb-Automobile
Hangstr. 1
57223 Kreuztal
Tel: 02732/86701
Fax: 02732/86896

Enrico Gertzen Import und Export
Ringstr. 13
53225 Bonn
Tel: 0228/464614
Fax: 0228/465599

Grüning Euroautomobile
Hauptstr. 21
27607 Langen-Krempf
Tel: 04707/801
Fax: 04707/1347

Halbig & Müller
Ahornstr. 11
17309 Pasewalk
Tel: 03937/210071, 05362/51069

Volker Haug
Sonnenhang 19
50127 Bergheim
Tel: 02271/798079
Fax: 02271/798090

Hülpert GmbH
Westfalendamm 18
44141 Dortmund
Tel: 0231/57770325
Fax: 0231/57770326

Huscher-Impex
Am Hoverkamp 114
41564 Kaarst
Tel: 02131/67700

Import/Export
Ing.-Büro Werner Pauksch
Südstr. 14
28857 Syke
Tel und Fax: 04242/60250

Import Service
Taruper Hauptstr. 60
24943 Flensburg
Tel: 0461-674456
Fax: 0461-674457

INDU Automobil-Handels-GmbH
Adam-Krafft-Str. 10
94315 Straubing
Tel: 09421/42626
Fax: 09421/50313

Jahreswagen-Lehmann
Neuhäuserstr. 12
72175 Dornhan
Tel: 07455/1309
Fax: 07455/8059

JV Jahreswagen-Verkaufshilfe GmbH
Im Heidland 36
38518 Gifhorn
Tel: 05371/54038
Fax: 05371/56227

Kahl Autoplus GmbH
Berndtswiese 2
34326 Söhrewald Wellerode
Tel: 05608/9496-0
Fax: 05608/949698

KFZ Michael Schmidt
Kohlbergstr. 2
58540 Meinerzhagen
Tel: 02354/13714
Fax: 02354/14019

KFZ-Sonhüter
Spielgasse 4
85134 Appertshofen
Tel: 08405/1213
Fax: 08405/1279

Kö-HA Automobile GmbH
Chausseehaus Nr. 1
06184 Zwintschöne
Tel: 0345/580057-0
Fax: 0345/5800159

Kösters Autohaus
Siemensring 49
47877 Willich
Tel: 02154/2202, 41830, 40309

Alfred Krauss GmbH
Merkenicher Str. 198
50735 Köln
Tel: 0221/713038
Fax: 0221/7130322

LN/Kontor GmbH
Neidenburger Str. 21
28207 Bremen
Tel: 0421/44424-0
Fax: 0421/245455

Motorama GmbH
Gabelsberger Str. 8
01809 Heidenau
Tel: 03529/510828
Fax: 03529/510985

Neuwagen-Import
Hermann Plate
Postfach 31 02 28
Weidenauer Str. 261
57076 Siegen
Tel: 0271/41005

Günther Sakuth
Tulpenweg 2
24943 Flensburg
Tel: 0461/61315
Tel: 0461/61175

Scarafino Automobile
Förderstr. 78
24944 Flensburg
Tel: 0461/37657
Fax: 0461/312054

Schreiner Automobile
St. Augustiner Str. 56 + 70
53225 Bonn
Tel: 0228/47408-0
Fax: 0228/476413

Seger Automobile GmbH
Grüne Marktstr. 9a
97457 Hofheim
Tel: 09523/5445
Fax: 09523/1355

Steurer Automobile GmbH
Schloßstr. 13
88453 Erolzheim
Tel: 07354/857-0
Fax: 07354/8522

Suhrborg Automobilhandel
Lindenstr. 19
63867 Johannesberg
Tel: 06029/4636
Fax: 06029/5926

Trans Car Import-Export
Friedrich-Humbert-Str. 130
28759 Bremen
Tel: 0421/6589583 Fax: 0421/6589407

Van-Zentrum
L. R. Werner
Robert-Bosch-Str. 8
35510 Butzbach
Tel: 06033/2536
Fax: 06033/3793

Automobile Wenzauer GmbH
Kötztinger Str. 15
93476 Blaibach
Tel: 09941/3051
Fax: 09941/4683

WNG Atomobilshandl u. Vermietungsgmbh
Georg-Schumann-Str. 109 – 111
04155 Leipzig
Tel: 0341/564790-0
Fax: 0341/5647078

Peter Zidek
Max-Planck-Str. 3 A
63322 Rödermark
Tel: 06074/881183
Fax: 06074/881184

Motorräder

Autohaus Dresel MS Motor Shop
Große Bauerngasse 44
91315 Höchstadt
Tel: 09193/4997

Japan Speed Motorrad Staudinger
Enzensperger Str. 5
83026 Rosenheim
Tel: 08031/4493-0

Motorrad Gebhardt GmbH
Karl-Rudolf-Str. 172
40215 Düsseldorf
Tel: 0211/372525

Motorrad Teichert GmbH
Sandstraße
50226 Frechen
Tel: 02234/22053

R. Schindler
Wölblinstr. 66
79539 Lörrach
Tel: 07621/46077, -78, -79

Zweirad-Technik
Dieter Könemann
Alte Landstraße 3
29640 Schneverdingen / Lünzen
Tel: 05193/50031

Preisagenturen

Autopreis Agentur
50259 Pulheim
Tel: 02238/58671
0130/115654

Heine Werbung
Königstr. 80
32427 Minden
Tel. 0571/82880-14
Fax 0571/82880-37

Preis Agentur PRO BUY
Hagenstr. 83
89520 Heidenheim
Tel und Fax: 07321/66477

Telefongesellschaften

AT&T 0130/0010

MCI 0130/0012

US Print 0130/0013

Reparaturkosten-Versicherer / Garantiegeber / Versicherungen

Additan KFZ-Garantie
Reparaturkosten-Vers.
Postfach 60
37192 Bodenfelde
Tel: 05572/847

AE-Assekurranz
Real Garant GmbH
Garantieversicherung
Ulmer Str. 6/7
89134 Blaustein
Tel: 07304/2026

ALLAN-Garantie
Gebrauchtwagengarantie
Rathaus-Merziger-Str. 51
66763 Dillingen/Saar
Tel: 06831/704045

CG CAR-Garantie
Complett F193
Gründlinger Str. 12
79111 Freiburg
Tel: 0761/4548-0

Intec GmbH
KFZ-Garantie
Postfach 2163
37192 Bodenfelde
Tel: 05572/1065 und 1066

German Assistance Vers.
German Assistance
Große Viehstr. 5 – 7
48653 Coesfeld
Tel: 02541/8002-0

GGG
Reparaturkosten-Vers.
Magdeburger Str. 7
30880 Laatzen
Tel: 05102/9397-0

MPR-Garantie
Postfach 1434
89243 Senden
Tel: 07307/22088

Oldie Car Cover
Assekuranzkontor
Lübeck
Herr Bartels
Tel.: 0451/871840
(Versicherungen für Oldtimer)

Real Garant
Gebrauchtwagengarantie
Dettinger Str. 115
73230 Kirchheim Teck
Tel: 0761/4548-0

Tour Insure
Carl-Petersen-Str. 4
20535 Hamburg
Tel: 040/2517215-0
Fax: 040/25172121
(Haftpflichtversicherung für die USA)

Stichwortverzeichnis

Danksagungen und eine Bitte an Sie

Eine solche Anleitung zu erstellen ist ein Vorhaben, das niemals durch einen Einzelnen erreicht werden kann, sondern nur durch die Mitarbeit von vielen hilfsbereiten Personen möglich wird.

Wir danken daher ganz herzlich für die hilfsbereiten Auskünfte bei den verschiedensten TÜV-Prüfstellen, bei Zulassungsstellen, beim Zoll, bei den Industrie- und Handelskammern, bei Zeitschriften Redaktionen und bei den vielen Händlern, die wir angesprochen haben.

Ganz besonders freuen wir uns darüber, daß uns so viele frühere Leser des Schwesterbuches „EU-Import-Anleitung“ immer wieder die neuesten Informationen und aktuellen Tips auch zum US-Import mitgeteilt haben. Wir hoffen, daß auch Sie großen Nutzen aus den hier gesammelten Informationen ziehen können!

Eine Bitte an Sie: Wenn Sie Fehler in dieser Anleitung entdecken, wenn Sie auf neue Probleme oder Lösungen stoßen, sagen Sie uns Bescheid, damit wir die Tips an zukünftige Leser weitergeben können. Für jeden Tip, den wir in die Anleitung aufnehmen, schicken wir Ihnen ein Buch aus dem Bereich Auto- oder Motorrad.

Weitere Bücher

Achim Aab / Christian Rieck: **EU-Import-Anleitung** - Sparen durch Auto- und Motorradkauf in der EU

Dieses Buch wurde von der Stiftung Warentest empfohlen: Durch den Kauf von Autos oder Motorrädern im europäischen Ausland kann man bis zu 30% gegenüber der unverbindlichen Preisempfehlung sparen (auch bei deutschen Marken), und außerdem erhält man Motorräder ohne 100-PS-Limit. Diese Anleitung zeigt genau, wie man vorgehen muß: Sie nennt alle wichtigen Gesetze, Hintergründe, Übersetzungen, TÜV-Tips, über 100 Händleradressen und vieles mehr. Für Privatleute oder auch als zweites Bein für Unternehmer. **9. Auflage 1996, 152 Seiten, 14 x 21 cm, ISBN 3-924043-18-3, DM 39,80.**

Markus Schlamp: **Steuern sparen rund ums Auto**

Alle legalen Tips und Tricks in einem Buch: Der Diplom-Volkswirt Markus Schlamp hat alle wichtigen Informationen zusammengestellt, mit denen Autofahrer – ganz legal – Jahr für Jahr erhebliche Summen an Steuern sparen können. Es ist sicherlich die vollständigste Anleitung zum Steuernsparen rund ums Auto in deutscher Sprache (die natürlich auch Motorräder und Nutzfahrzeuge wie Lkws und Lieferwagen behandelt). Mit Checklisten, Insidertips, Adressen, Ansprechpartnern, Warnungen, Tips... **Erscheint Mitte 1997, ca. 160 Seiten, ISBN 3-924043-51-5, DM 49,80.**

Dirk Beuerbach: **Gebrauchte Motorräder**
Profi-Tips für den Kauf und Verkauf

Mit welchen illegalen Tricks werden technische Mängel an gebrauchten Motorrädern und Rollern verschleiert? Wie erkennt man sie trotzdem? Wie wird man beim unseriösen Händler hereingelegt und wie schützt man sich dagegen? Welche Besonderheiten haben die verschiedenen Typen auf dem Gebrauchtmarkt? Wo lauern rechtliche Fallen in Verträgen? Wie bekommt man das meiste für sein Motorrad, wenn man es verkaufen will? – Die Antworten (und viele mehr) stehen in diesem Buch: kompetent, vollständig und im Klartext. **1. Auflage 1996, 184 Seiten, ISBN 3-924043-22-1, DM 29,80.**

Siegfried Rauch / Andy Schwietzer:
Handbuch für Motorroller und andere kleine Bikes

Immer mehr Autofahrer entdecken den Motoroller als Zweitverkehrsmittel für kurze Fahrten. Dieses Handbuch erklärt alles über Roller und die neue 125er Klasse (die von "alten" Autoführerscheinen mit eingeschlossen ist). Der ehemalige Chefredakteur der Zeitschrift *Das Motorrad* stellt hier die gesamte Technik von Motorrollern und anderen kleinen Bikes leicht verständlich dar, so daß der Leser sein Wissen sofort in die Praxis umsetzen kann. Zusätzlich gibt Andy Schwietzer viele Hilfen für den Einstieg und den Alltag im Rollerleben, von der Wahl der Fahrschule bis zu Nachwuchs-Rennveranstaltungen und vielen wenig bekannten Zweirad-Tips. Ein Standardwerk mit weit über 100 Abbildungen. **200 Seiten, 14 x 21 cm, ISBN 3-924043-20-5, DM 36,80.**

Bezugsquellen für die Bücher

Um die Bücher zu kaufen:

- **Einfach direkt an den Verlag schreiben:**
  Christian Rieck Verlag
  Postfach 3109
  D-65746 Eschborn

  Die bestellten Bücher sind dann in wenigen Tagen bei Ihnen. Wenn Sie per Vorkasse bezahlen (Scheck mitschicken), ist die Lieferung portofrei, sonst wird per Nachnahme geschickt (zzgl. Postgebühren).
- **Oder Sie können die Bücher in jeder Buchhandlung bestellen.**